POËMES BARBARES

1940

Il a été tiré de cet ouvrage :

30 exemplaires sur papier de Hollande.
25 — sur papier de Chine.

Tous ces exemplaires sont numérotés et paraphés par l'éditeur.

LECONTE DE LISLE

POËMES BARBARES

NOUVELLE ÉDITION

Revue et considérablement augmentée

PARIS

ALPHONSE LEMERRE, ÉDITEUR

27-31, PASSAGE CHOISEUL, 27-31

1878

POËMES BARBARES

Kaïn

En la trentième année, au siècle de l'épreuve,
Étant captif parmi les cavaliers d'Assur,
Thogorma, le Voyant, fils d'Élam, fils de Thur,
Eut ce rêve, couché dans les roseaux du fleuve,
A l'heure où le soleil blanchit l'herbe et le mur.

Depuis que le Chasseur Iahvèh, qui terrasse
Les forts et de leur chair nourrit l'aigle et le chien,
Avait lié son peuple au joug assyrien,
Tous, se rasant les poils du crâne et de la face,
Stupides, s'étaient tus et n'entendaient plus rien.

Ployés sous le fardeau des misères accrues,
Dans la faim, dans la soif, dans l'épouvante assis,
Ils revoyaient leurs murs écroulés et noircis,
Et, comme aux crocs publics pendent les viandes crues,
Leurs princes aux gibets des Rois incirconcis;

Le pied de l'infidèle appuyé sur la nuque
Des vaillants, le saint temple où priaient les aïeux
Souillé, vide, fumant, effondré par les pieux,
Et les vierges en pleurs sous le fouet de l'eunuque,
Et le sombre Iahvèh muet au fond des cieux.

Or, laissant, ce jour-là, près des mornes aïeules
Et des enfants couchés dans les nattes de cuir,
Les femmes aux yeux noirs de sa tribu gémir,
Le fils d'Élam, meurtri par la sangle des meules,
Le long du grand Khobar se coucha pour dormir.

Les bandes d'étalons, par la plaine inondée
De lumière, gisaient sous le dattier roussi,
Et les taureaux, et les dromadaires aussi,
Avec les chameliers d'Iran et de Khaldée.
Thogorma, le Voyant, eut ce rêve. Voici :

C'était un soir des temps mystérieux du monde,
Alors que du midi jusqu'au septentrion
Toute vigueur grondait en pleine éruption,
L'arbre, le roc, la fleur, l'homme et la bête immonde,
Et que Dieu haletait dans sa création.

C'était un soir des temps. Par monceaux, les nuées,
Émergeant de la cuve ardente de la mer,
Tantôt, comme des blocs d'airain, pendaient dans l'air;
Tantôt, d'un tourbillon véhément remuées,
Hurlantes, s'écroulaient en un immense éclair.

Vers le couchant rayé d'écarlate, un œil louche
Et rouge s'enfonçait dans les écumes d'or,
Tandis qu'à l'orient, l'âpre Gelboé-hor,
De la racine au faîte éclatant et farouche,
Flambait, bûcher funèbre où le sang coule encor.

Et loin, plus loin, là-bas, le sable aux dunes noires,
Plein du cri des chacals et du renâclement
De l'onagre, et parfois traversé brusquement
Par quelque monstre épais qui grinçait des mâchoires
Et laissait après lui comme un ébranlement.

Mais, derrière le haut Gelboé-hor, chargées
D'un livide brouillard chaud des fauves odeurs
Que répandent les ours et les lions grondeurs,
Ainsi que font les mers par les vents outragées,
On entendait râler de vagues profondeurs.

Thogorma dans ses yeux vit monter des murailles
De fer d'où s'enroulaient des spirales de tours
Et de palais cerclés d'airain sur des blocs lourds;
Ruche énorme, géhenne aux lugubres entrailles
Où s'engouffraient les Forts, princes des anciens jours.

Ils s'en venaient de la montagne et de la plaine,
Du fond des sombres bois et du désert sans fin,
Plus massifs que le cèdre et plus hauts que le pin,
Suants, échevelés, soufflant leur rude haleine
Avec leur bouche épaisse et rouge, et pleins de faim.

C'est ainsi qu'ils rentraient, l'ours velu des cavernes
A l'épaule, ou le cerf, ou le lion sanglant.
Et les femmes marchaient, géantes, d'un pas lent,
Sous les vases d'airain qu'emplit l'eau des citernes,
Graves, et les bras nus, et les mains sur le flanc.

Elles allaient, dardant leurs prunelles superbes,
Les seins droits, le col haut, dans la sérénité
Terrible de la force et de la liberté,
Et posant tour à tour dans la ronce et les herbes
Leurs pieds fermes et blancs avec tranquillité.

Le vent respectueux, parmi leurs tresses sombres,
Sur leur nuque de marbre errait en frémissant,
Tandis que les parois des rocs couleur de sang,
Comme de grands miroirs suspendus dans les ombres,
De la pourpre du soir baignaient leur dos puissant.

Les ânes de Khamos, les vaches aux mamelles
Pesantes, les boucs noirs, les taureaux vagabonds
Se hâtaient, sous l'épieu, par files et par bonds;
Et de grands chiens mordaient le jarret des chamelles;
Et les portes criaient en tournant sur leurs gonds.

Et les éclats de rire et les chansons féroces,
Mêlés aux beuglements lugubres des troupeaux,
Tels que le bruit des rocs secoués par les eaux,
Montaient jusques aux tours où, le poing sur leurs crosses,
Des vieillards regardaient, dans leurs robes de peaux ;

Spectres de qui la barbe, inondant leurs poitrines,
De son écume errante argentait leurs bras roux,
Immobiles, de lourds colliers de cuivre aux cous,
Et qui, d'en haut, dardaient, l'orgueil plein les narines,
Sur leur race des yeux profonds comme des trous.

Puis, quand tout, foule et bruit et poussière mouvante,
Eut disparu dans l'orbe immense des remparts,
L'abîme de la nuit laissa de toutes parts
Suinter la terreur vague et sourdre l'épouvante
En un rauque soupir sous le ciel morne épars.

Et le Voyant sentit le poil de sa peau rude
Se hérisser tout droit en face de cela,
Car il connut, dans son esprit, que c'était là
La Ville de l'angoisse et de la solitude,
Sépulcre de Kaïn au pays d'Hévila ;

Le lieu sombre où, saignant des pieds et des paupières,
Il dit à sa famille errante : — Bâtissez
Ma tombe, car les temps de vivre sont passés.
Couchez-moi, libre et seul, sur un monceau de pierres
Le Rôdeur veut dormir, il est las, c'est assez.

Gorges des monts déserts, régions inconnues
Aux vivants, vous m'avez vu fuir de l'aube au soir.
Je m'arrête, et voici que je me laisse choir.
Couchez-moi sur le dos, la face vers les nues,
Enfants de mon amour et de mon désespoir.

Que le soleil regarde et que l'eau du ciel lave
Le signe que la haine a creusé sur mon front!
Ni les aigles, ni les vautours ne mangeront
Ma chair, ni l'ombre aussi ne clôra mon œil cave.
Autour de mon tombeau les lâches se tairont.

Mais le sanglot des vents, l'horreur des longues veilles,
Le râle de la soif et celui de la faim,
L'amertume d'hier et celle de demain,
Que l'angoisse du monde emplisse mes oreilles
Et hurle dans mon cœur comme un torrent sans frein! —

Or, ils firent ainsi. Le formidable ouvrage
S'amoncela dans l'air des aigles déserté.
L'Ancêtre se coucha par les siècles dompté,
Et, les yeux grands ouverts, dans l'azur ou l'orage,
La face au ciel, dormit selon sa volonté.

Hénokhia! cité monstrueuse des Mâles,
Antre des Violents, citadelle des Forts,
Qui ne connus jamais la peur ni le remords,
Telles du fils d'Élam frémirent les chairs pâles,
Quand tu te redressas du fond des siècles morts.

Abîme où, loin des cieux aventurant son aile,
L'Ange vit la beauté de la femme et l'aima,
Où le fruit qu'un divin adultère forma,
L'homme géant, brisa la vulve maternelle,
Ton spectre emplit les yeux du Voyant Thogorma.

Il vit tes escaliers puissants bordés de torches
Hautes qui tournoyaient, rouges, au vent des soirs;
Il entendit tes ours gronder, tes lions noirs
Rugir, liés de marche en marche, et, sous tes porches,
Tes crocodiles geindre au fond des réservoirs;

Et, de tous les recoins de ta masse farouche,
Le souffle des dormeurs dont l'œil ouvert reluit,
Tandis que çà et là, sinistres et sans bruit,
Quelques fantômes lents, se dressant sur leur couche,
Écoutaient murmurer les choses de la nuit.

Mais voici que du sein déchiré des ténèbres,
Des confins du désert creusés en tourbillon,
Un Cavalier, sur un furieux étalon,
Hagard, les poings roidis, plein de clameurs funèbres,
Accourut, franchissant le roc et le vallon.

Sa chevelure blême, en lanières épaisses,
Crépitait au travers de l'ombre horriblement;
Et, derrière, en un rauque et long bourdonnement,
Se déroulaient, selon la taille et les espèces,
Les bêtes de la terre et du haut firmament.

Aigles, lions et chiens, et les reptiles souples,
Et l'onagre et le loup, et l'ours et le vautour,
Et l'épais Béhémot, rugueux comme une tour,
Maudissaient dans leur langue, en se ruant par couples,
Ta ville sombre, Hénokh! et pullulaient autour.

Mais dans leurs lits d'airain dormaient les fils des Anges.
Et le grand Cavalier, heurtant les murs, cria :
— Malheur à toi, monceau d'orgueil, Hénokhia!
Ville du Vagabond révolté dans ses langes,
Que le Jaloux avant les temps répudia!

Sépulcre du Maudit, la vengeance est prochaine.
La mer se gonfle et gronde, et la bave des eaux
Bien au-dessus des monts va noyer les oiseaux.
L'extermination suprême se déchaîne,
Et du ciel qui s'effondre a rompu les sept sceaux.

La face du désert dira : Qu'est devenue
Hénokhia, semblable au Gelboé pierreux?
Et l'aigle et le corbeau viendront, disant entre eux :
Où donc se dressait-elle autrefois sous la nue
La Ville aux murs de fer des géants vigoureux?

Mais rien ne survivra, pas même ta poussière,
Pas même un de vos os, enfants du meurtrier!
Holà! j'entends l'abîme impatient crier,
Et le gouffre t'attire, ô race carnassière
De Celui qui ne sut ni fléchir ni prier!

Kaïn, Kaïn, Kaïn! Dans la nuit sans aurore,
Dès le ventre d'Héva maudit et condamné,
Malheur à toi par qui le soleil nouveau-né
But, plein d'horreur, le sang qui fume et crie encore,
Pour les siècles, au fond de ton cœur forcené!

Malheur à toi, dormeur silencieux, chair vile,
Esprit que la vengeance éternelle a sacré,
Toi qui n'as jamais cru, ni jamais espéré!
Plus heureux le chien mort pourri hors de ta ville!
Dans ton crime effroyable Iahvèh t'a muré. —

Alors, au faîte obscur de la cité rebelle,
Soulevant son dos large et l'épaule et le front,
Se dressa lentement, sous l'injure et l'affront,
Le Géant qu'enfanta pour la douleur nouvelle
Celle par qui les fils de l'homme périront.

Il se dressa debout sur le lit granitique
Où, tranquille, depuis dix siècles révolus,
Il s'était endormi pour ne s'éveiller plus;
Puis il regarda l'ombre et le désert antique,
Et sur l'ampleur du sein croisa ses bras velus.

Sa barbe et ses cheveux dérobaient son visage;
Mais, sous l'épais sourcil, et luisant à travers,
Ses yeux, hantés d'un songe unique, et grands ouverts,
Contemplaient par delà l'horizon, d'âge en âge,
Les jours évanouis et le jeune univers.

Thogorma vit alors la famille innombrable
Des fils d'Hénokh emplir, dans un fourmillement
Immense, palais, tours et murs, en un moment;
Et, tous, ils regardaient l'Ancêtre vénérable,
Debout, et qui rêvait silencieusement.

Et les bêtes poussaient leurs hurlements de haine,
Et l'étalon, soufflant du feu par les naseaux,
Broyait les vieux palmiers comme autant de roseaux,
Et le grand Cavalier gardien de la Géhenne
Mêlait sa clameur âpre aux cris des animaux.

Mais l'Homme violent, du sommet de son aire,
Tendit son bras noueux dans la nuit, et voilà,
Plus haut que ce tumulte entier, comme il parla
D'une voix lente et grave et semblable au tonnerre,
Qui d'échos en échos par le désert roula :

— Qui me réveille ainsi dans l'ombre sans issue
Où j'ai dormi dix fois cent ans, roide et glacé?
Est-ce toi, premier cri de la mort, qu'a poussé
Le Jeune Homme d'Hébron sous la lourde massue,
Et les débris fumants de l'autel renversé?

Tais-toi, tais-toi, sanglot, qui montes jusqu'au faîte
De ce sépulcre antique où j'étais étendu!
Dans mes nuits et mes jours je t'ai trop entendu.
Tais-toi, tais-toi, la chose irréparable est faite.
J'ai veillé si longtemps que le sommeil m'est dû.

Mais non! Ce n'est point là ta clameur séculaire,
Pâle enfant de la femme, inerte sur son sein!
O victime, tu sais le sinistre dessein
D'Iahvèh m'aveuglant du feu de sa colère.
L'iniquité divine est ton seul assassin.

Silence, ô Cavalier de la Géhenne! O Bêtes
Furieuses, qu'il traîne après lui, taisez-vous!
Je veux parler aussi, c'est l'heure, afin que tous
Vous sachiez, ô hurleurs stupides que vous êtes,
Ce que dit le Vengeur Kaïn au Dieu jaloux.

Silence! Je revois l'innocence du monde.
J'entends chanter encore aux vents harmonieux
Les bois épanouis sous la gloire des cieux;
La force et la beauté de la terre féconde
En un rêve sublime habitent dans mes yeux.

Le soir tranquille unit aux soupirs des colombes,
Dans le brouillard doré qui baigne les halliers,
Le doux rugissement des lions familiers;
Le terrestre Jardin sourit, vierge de tombes,
Aux Anges endormis à l'ombre des palmiers.

L'inépuisable joie émane de la Vie;
L'embrassement profond de la terre et du ciel
Emplit d'un même amour le cœur universel;
Et la Femme, à jamais vénérée et ravie,
Multiplie en un long baiser l'Homme immortel.

Et l'aurore qui rit avec ses lèvres roses,
De jour en jour, en cet adorable berceau,
Pour le bonheur sans fin éveille un dieu nouveau;
Et moi, moi, je grandis dans la splendeur des choses,
Impérissablement jeune, innocent et beau!

Compagnon des Esprits célestes, origine
De glorieux enfants créateurs à leur tour,
Je sais le mot vivant, le verbe de l'amour;
Je parle et fais jaillir de la source divine,
Aussi bien qu'Élohim, d'autres mondes au jour!

Éden! ô Vision éblouissante et brève,
Toi dont, avant les temps, j'étais déshérité!
Éden, Éden! voici que mon cœur irrité
Voit changer brusquement la forme de son rêve,
Et le glaive flamboie à l'horizon quitté.

Éden! ô le plus cher et le plus doux des songes,
Toi vers qui j'ai poussé d'inutiles sanglots!
Loin de tes murs sacrés éternellement clos
La malédiction me balaye, et tu plonges
Comme un soleil perdu dans l'abîme des flots.

Les flancs et les pieds nus, ma mère Héva s'enfonce
Dans l'âpre solitude où se dresse la faim.
Mourante, échevelée, elle succombe enfin,
Et dans un cri d'horreur enfante sur la ronce
Ta victime, Iahvèh! celui qui fut Kaïn.

O nuit! Déchirements enflammés de la nue,
Cèdres déracinés, torrents, souffles hurleurs,
O lamentations de mon père, ô douleurs,
O remords, vous avez accueilli ma venue,
Et ma mère a brûlé ma lèvre de ses pleurs.

Buvant avec son lait la terreur qui l'enivre,
A son côté gisant livide et sans abri,
La foudre a répondu seule à mon premier cri!
Celui qui m'engendra m'a reproché de vivre,
Celle qui m'a conçu ne m'a jamais souri!

Misérable héritier de l'angoisse première,
D'un long gémissement j'ai salué l'exil.
Quel mal avais-je fait? Que ne m'écrasait-il,
Faible et nu sur le roc, quand je vis la lumière,
Avant qu'un sang plus chaud brûlât mon cœur viril?

Emporté sur les eaux de la Nuit primitive,
Au muet tourbillon d'un vain rêve pareil,
Ai-je affermi l'abîme, allumé le soleil,
Et, pour penser : Je suis! pour que la fange vive,
Ai-je troublé la paix de l'éternel sommeil?

Ai-je dit à l'argile inerte : Souffre et pleure!
Auprès de la défense ai-je mis le désir,
L'ardent attrait d'un bien impossible à saisir,
Et le songe immortel dans le néant de l'heure?
Ai-je dit de vouloir et puni d'obéir?

O misère! Ai-je dit à l'implacable Maître,
Au Jaloux, tourmenteur du monde et des vivants,
Qui gronde dans la foudre et chevauche les vents:
La vie assurément est bonne, je veux naître!
Que m'importait la vie au prix où tu la vends?

Sois satisfait! Kaïn est né. Voici qu'il dresse,
Tel qu'un cèdre, son front pensif vers l'horizon.
Il monte avec la nuit sur les rochers d'Hébron,
Et dans son cœur rongé d'une sourde détresse
Il songe que la terre immense est sa prison.

Tout gémit, l'astre pleure et le mont se lamente,
Un soupir douloureux s'exhale des forêts,
Le désert va roulant sa plainte et ses regrets,
La nuit sinistre, en proie au mal qui la tourmente,
Rugit comme un lion sous l'étreinte des rets.

Et là, sombre, debout sur la roche escarpée,
Tandis que la famille humaine en bas s'endort,
L'impérissable ennui me travaille et me mord,
Et je vois la lueur de la sanglante Épée
Rougir au loin le ciel comme une aube de mort.

Je regarde marcher l'antique Sentinelle,
Le Khéroub chevelu de lumière, au milieu
Des ténèbres, l'Esprit aux six ailes de feu,
Qui, dardant jusqu'à moi sa rigide prunelle,
S'arrête sur le seuil interdit par son Dieu.

Il reluit sur ma face irritée, et me nomme :
— Kaïn, Kaïn ! — Khéroub d'Iahvèh, que veux-tu ?
Me voici. — Va prier, va dormir. Tout s'est tu,
Le repos et l'oubli bercent la terre et l'homme ;
Heureux qui s'agenouille et n'a pas combattu !

Pourquoi rôder toujours par les ombres sacrées,
Haletant comme un loup des bois jusqu'au matin ?
Vers la limpidité du Paradis lointain
Pourquoi tendre toujours tes lèvres altérées ?
Courbe la face, esclave, et subis ton destin.

Rentre dans ton néant, ver de terre ! Qu'importe
Ta révolte inutile à Celui qui peut tout ?
Le feu se rit de l'eau qui murmure et qui bout,
Le vent n'écoute pas gémir la feuille morte.
Prie et prosterne-toi. — Je resterai debout !

Le lâche peut ramper sous le pied qui le dompte,
Glorifier l'opprobre, adorer le tourment,
Et payer le repos par l'avilissement ;
Iahvèh peut bénir dans leur fange et leur honte
L'épouvante qui flatte et la haine qui ment ;

Je resterai debout ! Et du soir à l'aurore,
Et de l'aube à la nuit, jamais je ne tairai
L'infatigable cri d'un cœur désespéré !
La soif de la justice, ô Khéroub, me dévore.
Écrase-moi, sinon, jamais je ne ploierai !

Ténèbres, répondez! Qu'Iahvèh me réponde!
Je souffre, qu'ai-je fait? — Le Khéroub dit: — Kaïn,
Iahvèh l'a voulu. Tais-toi. Fais ton chemin
Terrible. — Sombre Esprit, le mal est dans le monde;
Oh! pourquoi suis-je né! — Tu le sauras demain. —

Je l'ai su. Comme l'ours aveuglé qui trébuche
Dans la fosse où la mort l'a longtemps attendu,
Flagellé de fureur, ivre, sourd, éperdu,
J'ai heurté d'Iahvèh l'inévitable embûche;
Il m'a précipité dans le crime tendu.

O jeune homme, tes yeux, tels qu'un ciel sans nuage,
Étaient calmes et doux, ton cœur était léger
Comme l'agneau qui sort de l'enclos du berger;
Et Celui qui te fit docile à l'esclavage
Par ma main violente a voulu t'égorger!

Dors au fond du Schéol! Tout le sang de tes veines,
O préféré d'Héva, faible enfant que j'aimais,
Ce sang que je t'ai pris, je le saigne à jamais!
Dors, ne t'éveille plus! Moi, je crirai mes peines,
J'élèverai la voix vers Celui que je hais.

Fils des Anges, orgueil de Kaïn, race altière
En qui brûle mon sang, et vous, enfants domptés
De Seth, ô multitude à genoux, écoutez!
Écoutez-moi, Géants, écoute-moi, poussière!
Prête l'oreille, ô Nuit des temps illimités!

Élohim, Élohim ! Voici la prophétie
Du Vengeur, et je vois le cortège hideux
Des siècles de la terre et du ciel, et tous deux,
Dans cette vision lentement éclaircie,
Roulent sous ta fureur qui rugit autour d'eux.

Tu voudras vainement, assouvi de ton rêve,
Dans le gouffre des Eaux premières l'engloutir ;
Mais lui, lui se rira du tardif repentir.
Comme Léviathan qui regagne la grève,
De l'abîme entr'ouvert tu le verras sortir.

Non plus géant, semblable aux Esprits, fier et libre,
Et toujours indompté, sinon victorieux ;
Mais servile, rampant, rusé, lâche, envieux,
Chair glacée où plus rien ne fermente et ne vibre,
L'homme pullulera de nouveau sous les cieux.

Emportant dans son cœur la fange du Déluge,
Hors la haine et la peur ayant tout oublié,
Dans les siècles obscurs l'homme multiplié
Se précipitera sans halte ni refuge,
A ton spectre implacable horriblement lié.

Dieu de la foudre, Dieu des vents, Dieu des armées
Qui roules au désert les sables étouffants,
Qui te plais aux sanglots d'agonie, et défends
La pitié, Dieu qui fais aux mères affamées,
Monstrueuses, manger la chair de leurs enfants !

Dieu triste, Dieu jaloux qui dérobes ta face,
Dieu qui mentais, disant que ton œuvre était bon,
Mon souffle, ô Pétrisseur de l'antique limon,
Un jour redressera ta victime vivace.
Tu lui diras : Adore ! Elle répondra : Non !

D'heure en heure, Iahvèh ! ses forces mutinées
Iront élargissant l'étreinte de tes bras;
Et, rejetant ton joug comme un vil embarras,
Dans l'espace conquis les Choses déchaînées
Ne t'écouteront plus quand tu leur parleras !

Afin d'exterminer le monde qui te nie,
Tu feras ruisseler le sang comme une mer,
Tu feras s'acharner les tenailles de fer,
Tu feras flamboyer, dans l'horreur infinie,
Près des bûchers hurlants le gouffre de l'Enfer;

Mais quand tes prêtres, loups aux mâchoires robustes,
Repus de graisse humaine, et de rage amaigris,
De l'holocauste offert demanderont le prix,
Surgissant devant eux de la cendre des Justes,
Je les flagellerai d'un immortel mépris.

Je ressusciterai les cités submergées,
Et celles dont le sable a couvert les monceaux;
Dans leur lit écumeux j'enfermerai les eaux;
Et les petits enfants des nations vengées,
Ne sachant plus ton nom, riront dans leurs berceaux !

J'effondrerai des cieux la voûte dérisoire.
Par delà l'épaisseur de ce sépulcre bas
Sur qui gronde le bruit sinistre de ton pas,
Je ferai bouillonner les mondes dans leur gloire;
Et qui t'y cherchera ne t'y trouvera pas.

Et ce sera mon jour! Et, d'étoile en étoile,
Le bienheureux Éden longuement regretté
Verra renaître Abel sur mon cœur abrité;
Et toi, mort et cousu sous la funèbre toile,
Tu t'anéantiras dans ta stérilité. —

Le Vengeur dit cela. Puis, l'immensité sombre,
Bond par bond, prolongea, des plaines aux parois
Des montagnes, l'écho violent de la Voix
Qui s'enfonça longtemps dans l'abîme de l'ombre.
Puis, un Vent très amer courut par les cieux froids.

Thogorma ne vit plus ni les bêtes hurlantes,
Ni le grand Cavalier, ni ceux d'Hénokhia.
Tout se tut. Le Silence élargi déploya
Ses deux ailes de plomb sur les choses tremblantes,
Puis, brusquement, le ciel convulsif flamboya.

Et le sceau fut rompu des hautes cataractes.
Le poids supérieur fendit et crevassa
Le couvercle du monde. Un long frisson passa
Dans toute chair vivante; et, par nappes compactes,
Et par torrents, la Pluie horrible commença.

Puis, de tous les côtés de la terre, un murmure
Encore inentendu, vague, innommable, emplit
L'espace, et le fracas d'en haut s'ensevelit
Dans celui-là. La Mer, avec sa chevelure
De flots blêmes, hurlait en sortant de son lit.

Elle venait, croissant d'heure en heure, et ses lames,
Toutes droites, heurtaient les monts vertigineux,
Ou, projetant leur courbe immense au-dessus d'eux,
Rejaillissaient d'en bas vers la nuée en flammes,
Comme de longs serpents qui déroulent leurs nœuds.

Elle allait, arpentant d'un seul repli de houle
Plaines, vallons, déserts, forêts, toute une part
Du monde, et les cités et le troupeau hagard
Des hommes, et les cris suprêmes, et la foule
Des bêtes qu'aveuglaient la foudre et le brouillard.

Hérissés, et trouant l'air épais, en spirale,
De grands oiseaux, claquant du bec, le col pendant,
Lourds de pluie et rompus de peur, et regardant
Les montagnes plonger sous la mer sépulcrale,
Montaient toujours, suivis par l'abîme grondant.

Quelques sombres Esprits, balancés sur leurs ailes,
Impassibles témoins du monde enseveli,
Attendaient pour partir que tout fût accompli,
Et que sur le désert des Eaux universelles
S'étendît pesamment l'irrévocable oubli.

Enfin, quand le soleil, comme un œil cave et vide
Qui, sans voir, regardait les espaces béants,
Émergea des vapeurs ternes des océans;
Quand d'un dernier lien, le Suaire livide
Eut de l'univers mort serré les os géants;

Quand le plus haut des pics eut bavé son écume,
Thogorma, fils d'Élam, d'épouvante blêmi,
Vit Qaïn le Vengeur, l'immortel Ennemi
D'Iahvèh, qui marchait, sinistre, dans la brume,
Vers l'Arche monstrueuse apparue à demi.

Et l'homme s'éveilla du sommeil prophétique,
Le long du grand Khobar où boit un peuple impur.
Et ceci fut écrit, avec le roseau dur,
Sur une peau d'onagre, en langue khaldaïque,
Par le Voyant, captif des cavaliers d'Assur.

La Vigne de Naboth.

I

Au fond de sa demeure, Akhab, l'œil sombre et dur,
Sur sa couche d'ivoire et de bois de Syrie
Gît, muet et le front tourné contre le mur.

Sans manger ni dormir, le Roi de Samarie
Reste là, plein d'ennuis, comme, en un jour d'été,
Le voyageur courbé sur la source tarie.

Akhab a soif du vin de son iniquité,
Et conjure, en son cœur que travaille la haine,
La Vache de Béth-El et l'idole Astarté.

Il songe : — Suis-je un roi si ma colère est vaine?
Par Baal! j'ai chassé trois fois les cavaliers
De Ben-Hadad de Tyr au travers de la plaine.

J'ai vu ceux de Damas s'en venir par milliers,
Le sac aux reins, la corde au cou, dans la poussière,
Semblables aux chameaux devant les chameliers;

J'ai, d'un signe, en leur gorge étouffé la prière,
L'écume de leur sang a rougi les hauts lieux,
Et j'ai nourri mes chiens de leur graisse guerrière.

Mes prophètes sont très savants, et j'ai trois Dieux
Très puissants, pour garder mon royaume et ma ville
Et ployer sous le joug mon peuple injurieux.

Et voici que ma gloire est une cendre vile,
Et mon sceptre un roseau des marais, qui se rompt
Aux rires insulteurs de la foule servile!

C'est le Fort de Juda qui m'a fait cet affront,
Parce que j'ai dressé, sous le noir térébinthe,
L'image de Baal, une escarboucle au front.

Deux fois teint d'écarlate et vêtu d'hyacinthe,
Comme un soleil, le Dieu reluit, rouge et doré,
Sur le socle de jaspe, au milieu de l'enceinte.

Mais s'il ne m'a vengé demain, j'abolirai
Son culte, et l'on verra se dresser à sa place
Le Veau d'or d'Éphraïm sur l'autel adoré.

Un désir impuissant me consume et m'enlace !
Sous la corne du bœuf, sous le pied de l'ânon,
Je suis comme un lion mort, qu'on outrage en face.

Quand j'ai dit : Je le veux ! un homme m'a dit : Non !
Il vit encor, sans peur que le glaive le touche.
La honte est dans mon cœur, l'opprobre est sur mon nom.

Tel, le fils de Hamri se ronge sur sa couche.
Ses cheveux dénoués pendent confusément,
Et sa dent furieuse a fait saigner sa bouche.

Auprès du morne Roi paraît en ce moment
La fille d'Eth-Baal, la femme aux noires tresses
De Sidon, grande et belle, et qu'il aime ardemment.

Astarté l'a bercée aux bras de ses prêtresses ;
Elle sait obscurcir la lune et le soleil,
Et courber les lions au joug de ses caresses.

De ses yeux sombres sort l'effluve du sommeil,
Et ceux qu'a terrassés une mort violente
S'agitent à sa voix dans la nuit sans réveil.

Elle approche du lit, majestueuse et lente,
Regarde, et dit : — Qu'a donc mon Seigneur ? et quel ma
Dompte le cèdre altier comme une faible plante ?

A-t-il vu quelque spectre envoyé par Baal?
Le jour tombe. Que mon Seigneur se lève et mange!
Parle, ô Chef! Quel ennui trouble ton cœur royal? —

Akhab lui dit: — O femme, il faut que je me venge;
Et je ne puis dormir, ni boire, ni manger,
Que le sang de Naboth n'ait fumé dans la fange.

Sa vigne est très fertile et touche à mon verger.
Or, j'ai dit à cet homme, au seuil de sa demeure:
Ceci me plaît; veux-tu le vendre ou l'échanger?

Il m'a dit: C'est mon champ paternel. Que je meure,
Le voudrais-tu payer par grain un schiqel d'or,
Si je le vends jamais, fût-ce à ma dernière heure?

Quand tu me donnerais la plaine de Phogor,
Ramoth en Galaad, Seïr et l'Idumée,
Et ta maison d'ivoire, et ton riche trésor,

O Roi, je garderais ma vigne bien-aimée!
C'est ainsi qu'a parlé Naboth le vigneron,
Tranquille sur le seuil de sa porte enfumée. —

— Certes, ce peuple, Akhab, par le Dieu d'Akkaron
Dit Jézabel, jouit, malgré son insolence,
D'un roi très patient, très docile et très bon.

Que ne le frappais-tu du glaive ou de la lance?
L'onagre est fort rétif s'il ne courbe les reins;
Qui cède au dromadaire accroît sa violence. —

— C'est le Jaloux, le Fort de Juda que je crains,
Dit Akhab. C'est le Dieu de Naboth et d'Élie :
Du peuple furieux il briserait les freins.

Je verrais s'écrouler ma fortune avilie,
Et serais comme un bœuf qui mugit sur l'autel
Pendant que le couteau s'aiguise et qu'on le lie.

Non! J'attendrai. Les Dieux de Dan et de Béth-El
Accorderont sans doute à qui soutient leur cause
De tuer sûrement Naboth de Jizréhel. —

— Lève-toi donc et mange, ô Chef, et te repose,
Dit la Sidonienne avec un rire amer;
Moi seule je ferai ce que mon Seigneur n'ose.

Demain, quand le soleil s'en ira vers la mer,
Sans que ta main royale ait touché cet esclave,
J'atteste qu'il mourra sur le mont de Somer.

Et l'homme de Thesbé pourra baver sa bave
Et hurler, du Karmel à l'Horeb, comme un chien
Affamé, qui s'enfuit aussitôt qu'on le brave.

Mon Seigneur lui dira : Qu'ai-je fait, sinon rien?
A-t-on trouvé ma main dans ce meurtre, ou mon signe? —
Akhab, en souriant, dit : — O femme, c'est bien!

J'aurai le sang de l'homme et le vin de sa vigne! —

II

Vers l'heure où le soleil allume au noir Liban
Comme autant de flambeaux les cèdres par les rampes,
Les Anciens sont assis, hors des murs, sur un banc.

Ce sont trois beaux vieillards, avec de larges tempes,
De grands fronts, des nez d'aigle et des yeux vifs et doux
Qui, sous l'épais sourcil, luisent comme des lampes.

Dans leurs robes de lin, la main sur les genoux,
Ils siégent, les pieds nus dans la fraîcheur des sables,
A l'ombre des figuiers d'où pendent les fruits roux.

La myrrhe a parfumé leurs barbes vénérables;
Et leurs longs cheveux blancs sur l'épaule et le dos
S'épandent, aux flocons de la neige semblables.

Mais leur cœur est plus noir que le sépulcre clos;
Leur cœur comme la tombe est plein de cendre morte!
L'avarice a séché la moelle de leurs os.

Vils instruments soumis à la main la plus forte,
Ils foulent à prix d'or l'équité sainte aux pieds,
Sachant ce que le sang des malheureux rapporte.

Naboth est devant eux, debout, les bras liés,
Comme pour l'holocauste un bouc, noire victime
Par qui les vieux péchés de tous sont expiés.

Deux fils de Bélial, d'une voix unanime,
Disent : — Voici. Cet homme est vraiment criminel.
Qu'il saigne du blasphème et qu'il meure du crime!

Or, il a blasphémé le nom de l'Éternel. —
Naboth dit : — L'Éternel m'entend et me regarde :
Je suis pur devant lui, n'ayant rien fait de tel.

J'atteste le Très-Haut et me fie en sa garde.
Ceux-ci mentent. Craignez, Pères, de mal juger,
Car Dieu juge à son tour, qu'il se hâte ou qu'il tarde.

Voyez! Ai-je fermé ma porte à l'étranger?
Ai-je tari le puits du pauvre pour mon fleuve?
L'orphelin faible et nu, m'a-t-on vu l'outrager?

Qu'ils se lèvent ceux-là qui m'ont mis à l'épreuve!
Qu'ils disent : Nous avions soif et nous avions faim,
L'étranger, l'orphelin, et le pauvre et la veuve;

Naboth le vigneron n'a point ouvert sa main,
Naboth de Jizréhel, irritant notre plaie,
Sous l'œil des affamés a mangé tout son pain!

Nul ne dira cela, si sa parole est vraie.
Or, qui peut blasphémer étant pur devant Dieu?
Séparez le bon grain, mes Pères, de l'ivraie.

Remettez d'un sens droit toute chose en son lieu;
Si je mens, que le ciel s'entr'ouvre et me dévore;
Que l'Exterminateur me brûle de son feu! —

Le plus vieux des Anciens dit: — Il blasphème encore!
Allez, lapidez-le, car il parle très mal,
N'étant plein que de vent, comme une outre sonore. —

Or, non loin des figuiers, les fils de Bélial
Frappent le vigneron avec de lourdes pierres;
La cervelle et le sang souillent ce lieu fatal.

Et Naboth rend l'esprit. Les bêtes carnassières
Viendront, la nuit, hurler sur le corps encor chaud,
Et les oiseaux plonger leurs becs dans ses paupières,

En ce temps, Jézabel, attentive au plus haut
Du palais, dit au Roi: — Seigneur, la chose est faite!
Naboth est mort. O Chef, monte en ton chariot.

Aux sons victorieux des cymbales de fête,
Viens visiter ta vigne, ô royal vigneron! —
Et du sombre palais tous deux quittent le faîte.

Ils vont. Et la trompette éclate, et le clairon,
Et le sistre, et la harpe, et le tambour. La foule
S'ouvre sous le poitrail des chevaux de Sidon.

Le chariot de cèdre, aux moyeux d'argent, roule;
Et le peuple, saisi de peur, s'est prosterné
Au passage du couple abhorré qui le foule.

Mais voici. Sur le seuil du juste assassiné,
Croisant ses bras velus sur sa large poitrine,
Se dresse un grand vieillard, farouche et décharné.

Son crâne est comme un roc couvert d'herbe marine;
Une sueur écume à ses cheveux pendants,
Et le poil se hérisse autour de sa narine.

Du fond de ses yeux creux flambent des feux ardents.
D'un orteil convulsif, comme un lion sauvage,
Il fouille la poussière, et fait grincer ses dents.

Sur le cuir corrodé de son âpre visage
On lit qu'il a toujours marché, toujours souffert,
Toujours vécu, plus fort au sein du même orage,

Qu'il a dormi cent nuits dans l'antre noir ouvert
Aux gorges de l'Horeb; auprès des puits sans onde,
Qu'il a hurlé de soif dans le feu du désert ;

Et qu'en ce siècle impur, en qui le mal abonde,
Son maître a flagellé d'un fouet étincelant
Et poussé sur les Rois sa course vagabonde.

Or, les chevaux, soudain, se cabrent, reculant
D'horreur devant ce spectre. Ils courent, haut la tête,
Ivres, mâchant le mors, et l'épouvante au flanc.

Arbres, buissons, enclos, rocs, rien ne les arrête :
Ils courent, comme un vol des démons de la nuit,
Comme un champ d'épis mûrs fauchés par la tempête.

Tel, dans un tourbillon de poussière et de bruit,
Malgré les cavaliers pleins d'une clameur vaine,
Le cortége effaré se disperse et s'enfuit.

L'attelage, ébranlant le chariot qu'il traîne,
Se couche, les naseaux dans le sable, et le Roi
Sent tournoyer sa tête et se glacer sa veine.

Lentement il se lève, et, tout blême d'effroi,
Regarde ce vieillard sombre, que nul n'oublie,
Immobile, appuyé contre l'humble paroi.

Akhab, avec un grand frisson, dit : — C'est Élie !

III

Alors, comme un torrent fougueux, des monts tombé,
Qui roule flots sur flots son bruit et sa colère,
Voici ce qu'à ce Roi dit l'homme de Thesbé :

— Malheur ! l'aigle a crié de joie au bord de l'aire ;
Il aiguise son bec, sachant qu'un juste est mort.
Le chien montre les dents, hurle dans l'ombre et flaire.

Malheur ! l'aigle affamé déchire et le chien mord,
Car la pierre du meurtre est toute rouge et fume.
Donc, le Seigneur m'a dit : Va ! je suis le Dieu fort !

Je me lève dans la fureur qui me consume ;
Le monde est sous mes pieds, la foudre est dans mes yeux
La lune et le soleil nagent dans mon écume.

Va ! dis au meurtrier qu'il appelle ses Dieux
A l'aide, car je suis debout sur les nuées,
Et la vapeur du crime enveloppe les cieux.

Dis-lui : Malheur, ô Chef des dix prostituées,
Akhab, fils de Hamri, le fourbe et le voleur !
Les vengeances d'en haut se sont toutes ruées.

A toi qui fais du sceptre un assommoir, malheur !
Auprès de la fournaise ardente où tu trébuches
Le four chauffé sept fois est sombre et sans chaleur.

L'ours plein de ruse est pris dans ses propres embûches,
Et le vautour s'étrangle avec l'os avalé,
Et le frelon s'étouffe avec le miel des ruches.

Tu songeais : Tout est bien, car je n'ai point parlé.
Allons ! Naboth est mort ; sa vigne est mon partage.
Le Dieu d'Élie est sourd, le Fort est aveuglé !

Qui dira que ce meurtre inique est mon ouvrage ?
Le lion de Juda rugit et te répond.
Le Seigneur t'attendait au seuil de l'héritage !

O renard, ô voleur, voici qu'au premier bond
Il te prend, te saisit à la gorge, et se joue
De ta peur, l'œil planté dans ta chair qui se fond.

Vermine d'Israël, le Dieu fort te secoue
Des haillons de ce peuple, et les petits enfants
Te verront te débattre et grouiller dans la boue.

Le Seigneur dit : Je suis l'effroi des triomphants,
Je suis le frein d'acier qui brise la mâchoire
Des Couronnés, mangeurs de biches et de faons.

Je fracasse leurs chars, je souffle sur leur gloire;
Ils sont tous devant moi comme un sable mouvant,
Et j'enfouis leurs noms perdus dans la nuit noire.

Donc, le sang de Naboth crie en vous poursuivant,
Akhab de Samarie, et toi, vile idolâtre!
Le spectre de Naboth sanglote dans le vent.

Dans le puits du désert où filtre l'eau saumâtre,
Entre vos murs de cèdre et sous l'épais figuier,
Dans les clameurs de fête et dans les bruits de l'âtre,

Dans le hennissement de l'étalon guerrier,
Dans la chanson du coq et de la tourterelle,
Akhab et Jézabel, vous l'entendrez crier!

Naboth est mort! les chiens mangeront la cervelle
Du couple abominable en son crime têtu;
Ma fureur fauchera cette race infidèle.

Comme un bon moissonneur, de vigueur revêtu,
Qui tranche à tour de bras les épis par centaines,
Je ferai le sol ras jusqu'au moindre fétu.

Dis-leur : Voici le jour des sanglots et des haines,
Où l'exécration se gonfle, monte et bout,
Et, comme un vin nouveau, jaillit des cuves pleines.

Car je suis plein de rage et j'écraserai tout !
Et l'on verra le sang des rois, tel qu'une eau sale,
Déborder des toits plats et rentrer dans l'égout.

Va ! ceins tes reins, Akhab, excite ta cavale,
Fuis, comme l'épervier, vers les bords Libyens,
Enfonce-toi vivant dans la nuit sépulcrale...

Tu ne sortiras pas, ô Roi ! de mes liens,
Et je te châtirai dans ta chair et ta race,
O vipère, ô chacal, fils et père de chiens ! —

Akhab, poussant un cri d'angoisse par l'espace,
Dit : — J'ai péché ; ma vie est un fumier bourbeux. —
Il déchire sa robe et se meurtrit la face.

De fange et de graviers il souille ses cheveux,
Disant : — Gloire au Très-Fort de Juda ! Qu'il s'apaise !
Sur l'autel du Jaloux j'égorgerai cent bœufs !

Que suis-je à sa lumière ? Un fétu sur la braise.
La rosée au soleil est moins prompte à sécher ;
Moins vite le bois mort flambe dans la fournaise.

Je suis comme le daim, au guet sur le rocher,
Qui geint de peur, palpite et dans l'herbe s'enfonce,
Parce qu'il sent venir la flèche de l'archer.

Mais, par le Très-Puissant que l'épouvante annonce,
Je briserai le Veau de Béth-El! Je promets
D'ensevelir Baal sous la pierre et la ronce! —

L'Homme de Thesbé dit : — O fourbe! désormais
Tu ne renîras plus la clameur de tes crimes :
Ils ont rugi trop haut pour se taire jamais.

Comme un nuage noir qui gronde sur les cimes,
Voici venir, pour la curée, ô Roi sanglant,
La meute aux crocs aigus que fouettent tes victimes.

Va! crie et pleure, attache un cilice à ton flanc,
Brise sur les hauts lieux l'Idole qui flamboie...
Les vengeurs de Naboth arrivent en hurlant!

Ouvre l'œil et l'oreille. Ils bondissent de joie,
Ayant vu dans la vigne Akhab et Jézabel,
Et de l'ongle et des dents se partagent leur proie! —

Or, ayant dit cela, l'Homme de l'Éternel,
Renouant sur ses reins sa robe de poil rude,
Par les sentiers pierreux qui mènent au Carmel,

S'éloigne dans la nuit et dans la solitude.

L'Ecclésiaste

L'Ecclésiaste a dit : Un chien vivant vaut mieux
Qu'un lion mort. Hormis, certes, manger et boire,
Tout n'est qu'ombre et fumée. Et le monde est très-vieux,
Et le néant de vivre emplit la tombe noire.

Par les antiques nuits, à la face des cieux,
Du sommet de sa tour comme d'un promontoire,
Dans le silence, au loin laissant planer ses yeux,
Sombre, tel il songeait sur son siége d'ivoire.

Vieil amant du soleil, qui gémissais ainsi,
L'irrévocable mort est un mensonge aussi.
Heureux qui d'un seul bond s'engloutirait en elle !

Moi, toujours, à jamais, j'écoute, épouvanté,
Dans l'ivresse et l'horreur de l'immortalité,
Le long rugissement de la Vie éternelle.

Néférou-Ra

Khons, tranquille et parfait, le Roi des Dieux thébains,
Est assis gravement dans sa barque dorée :
Le col roide, l'œil fixe et l'épaule carrée,
Sur ses genoux aigus il allonge les mains.

La double bandelette enclôt ses tempes lisses
Et pend avec lourdeur sur le sein et le dos.
Tel le Dieu se recueille et songe en son repos,
Le regard immuable et noyé de délices.

Un matin éclatant de la chaude saison
Baigne les grands sphinx roux couchés au sable aride,
Et des vieux Anubis ceints du pagne rigide
La gueule de chacal aboie à l'horizon.

Dix prêtres, du Nil clair suivant la haute berge,
D'un pas égal, le front incliné vers le sol,
Portent la barque peinte où, sous un parasol,
Siége le fils d'Amon, Khons, le Dieu calme et vierge.

Où va-t-il, le Roi Khons, le divin Guérisseur,
Qui toujours se procrée et s'engendre lui-même,
Lui que Mout a conçu du Créateur suprême,
L'enfant de l'Invisible, aux yeux pleins de douceur?

Il méditait depuis mille ans, l'âme absorbée,
A l'ombre des palmiers d'albâtre et de granit,
Regardant le lotus qui charme et qui bénit
Ouvrir son cœur d'azur où dort le Scarabée.

Pourquoi s'est-il levé de son bloc colossal,
Lui d'où sortent la vie et la santé du monde,
Disant : J'irai? Pareille à l'eau pure et féconde,
Ma vertu coulera sur l'arbuste royal!

Le grand Rhamsès l'attend dans sa vaste demeure.
Les vingt Nomes, les trois Empires sont en deuil,
Craignant que si le Dieu ne se présente au seuil,
La Beauté du Soleil, Néférou-Ra ne meure.

Voici qu'elle languit sur son lit virginal,
Très pâle, enveloppée avec de fines toiles;
Et ses yeux noirs sont clos, semblables aux étoiles
Qui se ferment quand vient le rayon matinal.

Hier, Néférou-Ra courait parmi les roses,
La joue et le front purs polis comme un bel or,
Et souriait, son cœur étant paisible encor,
De voir dans le ciel bleu voler les ibis roses.

Et voici qu'elle pleure en un rêve enflammé,
Amer, mystérieux, qui consume sa vie!
Quel démon l'a touchée, ou quel Dieu la convie?
O lumineuse fleur, meurs-tu d'avoir aimé?

Puisque Néférou-Ra, sur sa couche d'ivoire,
Palmier frêle, a ployé sous un souffle ennemi,
La tristesse envahit la terre de Khêmi,
Et l'âme de Rhamsès est comme la nuit noire.

Mais il vient, le Roi jeune et doux, le Dieu vainqueur,
Le Dieu Khons, à la fois baume, flamme et rosée,
Qui rend la sève à flots à la plante épuisée,
L'espérance et la joie intarissable au cœur.

Il approche. Un long cri d'allégresse s'élance.
Le cortége, à pas lents, monte les escaliers,
La foule se prosterne, et, du haut des piliers
Et des plafonds pourprés, tombe un profond silence.

Tremblante, ses grands yeux pleins de crainte et d'amour,
Devant le Guérisseur sacré qu'elle devine,
Néférou-Ra tressaille et sourit et s'incline
Comme un rayon furtif oublié par le jour.

Son sourire est tranquille et joyeux. Que fait-elle?
Sans doute elle repose en un calme sommeil.
Hélas! Khons a guéri la Beauté du Soleil;
Le Sauveur l'a rendue à la vie immortelle.

Ne gémis plus, Rhamsès! Le mal était sans fin,
Qui dévorait ce cœur blessé jusqu'à la tombe;
Et la mort, déliant ses ailes de colombe,
L'embaumera d'oubli dans le monde divin!

Ekhidna

KALLIRHOÉ conçut dans l'ombre, au fond d'un antre,
A l'époque où les rois Ouranides sont nés,
Ekhidna, moitié nymphe aux yeux illuminés,
Moitié reptile énorme écaillé sous le ventre.

Khrysaor engendra ce monstre horrible et beau,
Mère de Kerbéros aux cinquante mâchoires,
Qui, toujours plein de faim, le long des ondes noires,
Hurle contre les morts qui n'ont point de tombeau.

Et la vieille Gaia, cette source des choses,
Aux gorges d'Arimos lui fit un vaste abri,
Une caverne sombre avec un seuil fleuri ;
Et c'est là qu'habitait la Nymphe aux lèvres roses.

Tant que la flamme auguste enveloppait les bois,
Les sommets, les vallons, les villes bien peuplées,
Et les fleuves divins et les ondes salées,
Elle ne quittait point l'antre aux âpres parois;

Mais dès qu'Hermès volait les flamboyantes vaches
Du fils d'Hypérion baigné des flots profonds,
Ekhidna, sur le seuil ouvert au flanc des monts,
S'avançait, dérobant sa croupe aux mille taches.

De l'épaule de marbre au sein nu, ferme et blanc,
Tiède et souple abondait sa chevelure brune;
Et son visage clair luisait comme la lune,
Et ses lèvres vibraient d'un rire étincelant.

Elle chantait : la nuit s'emplissait d'harmonies;
Les grands lions errants rugissaient de plaisir;
Les hommes accouraient sous le fouet du désir,
Tels que des meurtriers devant les Érinnyes :

— Moi, l'illustre Ekhidna, fille de Khrysaor,
Jeune et vierge, je vous convie, ô jeunes hommes!
Car ma joue a l'éclat pourpré des belles pommes,
Et dans mes noirs cheveux nagent des lueurs d'or.

Heureux qui j'aimerai, mais plus heureux qui m'aime!
Jamais l'amer souci ne brûlera son cœur;
Et je l'abreuverai de l'ardente liqueur
Qui fait l'homme semblable au Kronide lui-même.

Bienheureux celui-là parmi tous les vivants!
L'incorruptible sang coulera dans ses veines;
Il se réveillera sur les cimes sereines
Où sont les Dieux, plus haut que la neige et les vents.

Et je l'inonderai de voluptés sans nombre,
Vives comme un éclair qui durerait toujours!
Dans un baiser sans fin je bercerai ses jours
Et mes yeux de ses nuits feront resplendir l'ombre. —

Elle chantait ainsi, sûre de sa beauté,
L'implacable Déesse aux splendides prunelles,
Tandis que du grand sein les formes immortelles
Cachaient le seuil étroit du gouffre ensanglanté.

Comme le tourbillon nocturne des phalènes
Qu'attire la couleur éclatante du feu,
Ils lui criaient : Je t'aime, et je veux être un Dieu!
Et tous l'enveloppaient de leurs chaudes haleines.

Mais ceux qu'elle enchaînait de ses bras amoureux,
Nul n'en dira jamais la foule disparue,
Le monstre aux yeux charmants dévorait leur chair crue,
Et le temps polissait leurs os dans l'antre creux.

Le Combat homérique

De même qu'au soleil l'horrible essaim des mouches
Des taureaux égorgés couvre les cuirs velus,
Un tourbillon guerrier de peuples chevelus,
Hors des nefs, s'épaissit, plein de clameurs farouches,

Tout roule et se confond, souffle rauque des bouches,
Bruit des coups, les vivants et ceux qui ne sont plus,
Chars vides, étalons cabrés, flux et reflux
Des boucliers d'airain hérissés d'éclairs louches.

Les reptiles tordus au front, les yeux ardents,
L'aboyeuse Gorgô vole et grince des dents
Par la plaine où le sang exhale ses buées.

Zeus, sur le Pavé d'or, se lève, furieux,
Et voici que la troupe héroïque des Dieux
Bondit dans le combat du faîte des nuées.

La Genèse polynésienne

Dans le vide éternel interrompant son rêve,
L'Être unique, le grand Taaroa se lève.
Il se lève, et regarde : il est seul, rien ne luit.
Il pousse un cri sauvage au milieu de la nuit :
Rien ne répond. Le temps, à peine né, s'écoule ;
Il n'entend que sa voix. Elle va, monte, roule,
Plonge dans l'ombre noire et s'enfonce au travers.
Alors, Taaroa se change en univers :
Car il est la clarté, la chaleur et le germe ;
Il est le haut sommet, il est la base ferme,
L'œuf primitif que Pô, la grande Nuit, couva ;
Le monde est la coquille où vit Taaroa.
Il dit : — Pôles, rochers, sables, mers pleines d'îles,
Soyez ! Échappez-vous des ombres immobiles ! —
Il les saisit, les presse et les pousse à s'unir ;
Mais la matière est froide et n'y peut parvenir :

Tout gît muet encore au fond du gouffre énorme;
Tout reste sourd, aveugle, immuable et sans forme.
L'Être unique, aussitôt, cette source des Dieux,
Roule dans sa main droite et lance les sept cieux.
L'étincelle première a jailli dans la brume,
Et l'étendue immense au même instant s'allume;
Tout se meut, le ciel tourne, et, dans son large lit,
L'inépuisable mer s'épanche et le remplit :
L'univers est parfait du sommet à la base,
Et devant son travail le Dieu reste en extase.

La Légende des Nornes

Elles sont assises sur les racines
du frêne Yggdrasill.

PREMIÈRE NORNE.

La neige, par flots lourds, avec lenteur, inonde,
Du haut des cieux muets, la terre plate et ronde.
Tels, sur nos yeux sans flamme et sur nos fronts courbés,
Sans relâche, mes sœurs, les siècles sont tombés,
Dès l'heure où le premier jaillissement des âges
D'une écume glacée a lavé nos visages.
A peine avions-nous vu, dans le brouillard vermeil,
Monter, aux jours anciens, l'orbe d'or du soleil,
Qu'il retombait au fond des ténèbres premières,
Sans pouvoir réchauffer nos rigides paupières.
Et, depuis, il n'est plus de trêve ni de paix !
Le vent des steppes froids gèle nos pleurs épais,
Et, sur ce cuivre dur, avec nos ongles blêmes,
Nous gravons le destin de l'homme et des Dieux mêmes.

O Nornes ! qu'ils sont loin, ces jours d'ombre couverts,
Où, du vide fécond, s'épandit l'univers !
Qu'il est loin, le matin des temps intarissables,
Où rien n'était encor, ni les eaux, ni les sables,
Ni terre, ni rochers, ni la voûte du ciel,
Rien qu'un gouffre béant, l'abîme originel.
Et les germes nageaient dans cette nuit profonde,
Hormis nous, cependant, plus vieilles que le monde
Et le silence errait sur le vide dormant,
Quand la rumeur vivante éclata brusquement,
Du Nord, enveloppé d'un tourbillon de brume,
Par bonds impétueux, quatre fleuves d'écume
Tombèrent, rugissants, dans l'antre du milieu,
Les blocs lourds qui roulaient se fondirent au feu :
Le sombre Ymer naquit de la flamme et du givre,
Et les géants, ses fils, commencèrent de vivre.
Pervers, ils méditaient, dans leur songe envieux,
D'entraver à jamais l'éclosion des Dieux ;
Mais nul ne peut briser ta chaîne, ô destinée !
Et la Vache céleste en ce temps était née !
Blanche comme la neige, où, tiède, ruisselait
De ses pis maternels la source de son lait,
Elle trouva le Roi des Ases, frais et rose,
Qui dormait, fleur divine aux vents du pôle éclose ;
Baigné d'un souffle doux et chaud, il s'éveilla ;
L'Aurore primitive en son œil bleu brilla ;
Il rit, et, soulevant ses lèvres altérées,
But la vie immortelle aux mamelles sacrées.

Voici qu'il engendra les Ases bienheureux,
Les purificateurs du chaos ténébreux,
Beaux et pleins de vigueur, intelligents et justes.
Ymer, dompté, mourut entre leurs mains augustes;
Et de son crâne immense ils formèrent les cieux,
Les astres, des éclairs échappés de ses yeux,
Les rochers, de ses os. Ses épaules charnues
Furent la terre stable, et la houle des nues
Sortit en tourbillons de son cerveau pesant.
Et, comme l'univers roulait des flots de sang,
Faisant jaillir, du fond de ses cavités noires,
Une écume de pourpre au front des promontoires,
Le déluge envahit l'étendue, et la mer
Assiégea le troupeau hurlant des fils d'Ymer.
Ils fuyaient, secouant leurs chevelures rudes,
Escaladant les pics des hautes solitudes,
Monstrueux, éperdus; mais le sang paternel
Croissait, gonflait ses flots fumants jusques au ciel;
Et voici qu'arrachés des suprêmes rivages,
Ils s'engloutirent tous avec des cris sauvages.
Puis, ce rouge océan s'enveloppa d'azur;
La terre d'un seul bond reverdit dans l'air pur;
Le couple humain sortit de l'écorce du frêne,
Et le soleil dora l'immensité sereine.
Hélas! mes sœurs, ce fut un rêve éblouissant.
Voyez! la neige tombe et va s'épaississant;
Et peut-être Yggdrasill, le frêne aux trois racines,
Ne fait-il plus tourner les neuf sphères divines!

Je suis la vieille Urda, l'éternel Souvenir;
Mais le présent m'échappe autant que l'avenir.

DEUXIÈME NORNE.

Tombe, neige sans fin! Enveloppe d'un voile
Le rose éclair de l'aube et l'éclat de l'étoile!
Brouillards silencieux, ensevelissez-nous!
O vents glacés, par qui frissonnent nos genoux,
Ainsi que des bouleaux vous secouez les branches,
Sur nos fronts aux plis creux fouettez nos mèches blanches!
Neige, brouillards et vents, désert, cercle éternel,
Je nage malgré vous dans la splendeur du ciel!
Par delà ce silence où nous sommes assises,
Je me berce en esprit au vol joyeux des brises,
Je m'enivre à souhait de l'arome des fleurs,
Et je m'endors, plongée en de molles chaleurs!
Urda, réjouis-toi! l'œuvre des Dieux fut bonne,
La gloire du soleil sur leur face rayonne,
Comme au jour où tu vis le monde nouveau-né
Du déluge sanglant sortir illuminé;
Et toujours Yggdrasill, à sa plus haute cime,
Des neuf sphères du ciel porte le poids sublime.
O Nornes! Échappé du naufrage des siens,
Vivant, mais enchaîné dans les antres anciens,
Loki, le dernier fils d'Ymer, tordant sa bouche,
S'agite et se consume en sa rage farouche;

Tandis que le Serpent, de ses nœuds convulsifs,
Étreint, sans l'ébranler, la terre aux rocs massifs,
Et que le loup Fenris, hérissant son échine,
Hurle et pleure, les yeux flamboyants de famine.
Le noir Surtur sommeille, immobile et dompté;
Et, des vers du tombeau vile postérité,
Les Nains hideux, vêtus de rouges chevelures,
Martellent les métaux sur les enclumes dures;
Mais ils ne souillent plus l'air du ciel étoilé.
Le Mal, sous les neuf sceaux de l'abîme, est scellé,
Mes sœurs! la sombre Héla, comme un oiseau nocturne,
Plane au-dessus du gouffre, aveugle et taciturne;
Et les Ases, assis dans le palais d'Asgard,
Embrassent l'univers immense d'un regard!
Modérateurs du monde et source d'harmonie,
Ils répandent d'en haut la lumière bénie;
La joie est dans leur cœur : sur la tige des Dieux
Une fleur a germé qui parfume les cieux;
Et voici qu'aux rayons d'une immuable aurore,
Le Fruit sacré, désir des siècles, vient d'éclore!
Balder est né! Je vois, à ses pieds innocents,
Les Alfes lumineux faire onduler l'encens.
Toute chose a doué de splendeur et de grâce
Le plus beau, le meilleur d'une immortelle race:
L'aube a de ses clartés tressé ses cheveux blonds,
L'azur céleste rit à travers ses cils longs,
Les astres attendris ont, comme une rosée,
Versé des lueurs d'or sur sa joue irisée,

Et les Dieux, à l'envi, déjà l'ont revêtu
D'amour et d'équité, de force et de vertu,
Afin que, grandissant et triomphant en elle,
Il soit le bouclier de leur œuvre éternelle!
Nornes! Je l'ai vu naître et mon sort est rempli.
Meure le souvenir au plus noir de l'oubli!
Tout est dit, tout est bien. Les siècles fatidiques
Ont tenu jusqu'au bout leurs promesses antiques,
Puisque le chœur du ciel et de l'humanité
Autour de ce berceau vénérable a chanté!

TROISIÈME NORNE.

Que ne puis-je dormir sans réveil et sans rêve,
Tandis que cette aurore éclatante se lève!
Inaccessible et sourde aux voix de l'avenir,
A vos côtés, mes sœurs, que ne puis-je dormir,
Spectres aux cheveux blancs, aux prunelles glacées,
Sous le suaire épais des neiges amassées!
O songe, ô désirs vains, inutiles souhaits!
Ceci ne sera point, maintenant ni jamais.
Oui! le Meilleur est né, plein de grâce et de charmes,
Celui que l'univers baignera de ses larmes,
Qui, de sa propre flamme aussitôt consumé,
Doit vivre par l'amour et mourir d'être aimé!
Il grandit comme un frêne au milieu des pins sombres,
Celui que le destin enserre de ses ombres,

Le guide jeune et beau qui mène l'homme aux Dieux!
Hélas! rien d'éternel ne fleurit sous les cieux,
Il n'est rien d'immuable où palpite la vie!
La douleur fut domptée et non pas assouvie,
Et la destruction a rongé sourdement
Des temps laborieux le vaste monument.
Vieille Urda, ton œil cave a vu l'essaim des choses
Du vide primitif soudainement écloses,
Jaillir, tourbillonner, emplir l'immensité...
Tu le verras rentrer au gouffre illimité.
Verdandi! ce concert de triomphe et de joie,
L'orage le disperse et l'espace le noie!
O vous qui survivrez quand les cieux vermoulus
S'en iront en poussière et qu'ils ne seront plus,
Des siècles infinis contemporaines mornes,
Vieille Urda, Verdandi, lamentez-vous, ô Nornes,
Car voici que j'entends monter comme des flots
Des cris de mort mêlés à de divins sanglots.
Pleurez, lamentez-vous, Nornes désespérées!
Ils sont venus, les jours des épreuves sacrées,
Les suprêmes soleils dont le ciel flamboira,
Le siècle d'épouvante où le Juste mourra.
Sur le centre du monde inclinez votre oreille:
Loki brise les sceaux; le noir Surtur s'éveille;
Le reptile assoupi se redresse en sifflant;
L'écume dans la gueule et le regard sanglant,
Fenris flaire déjà sa proie irrévocable;
Comme un autre déluge, hélas! plus implacable,

Se rue au jour la race effrayante d'Ymer,
L'impur troupeau des Nains qui martellent le fer!
Asgard! Asgard n'est plus qu'une ardente ruine;
Yggdrasill ébranlé ploie et se déracine;
Tels qu'une grêle d'or, au fond du ciel mouvant,
Les astres flagellés tourbillonnent au vent,
Se heurtent en éclats, tombent et disparaissent;
Veuves de leur pilier, les neuf sphères s'affaissent;
Et dans l'océan noir, silencieux, fumant,
La terre avec horreur s'enfonce pesamment!
Voilà ce que j'ai vu par delà les années,
Moi, Skulda, dont la main grave les destinées;
Et ma parole est vraie! Et maintenant, ô jours,
Allez, accomplissez votre rapide cours!
Dans la joie ou les pleurs, montez, rumeurs suprêmes,
Rires des Dieux heureux, chansons, soupirs, blasphèmes!
O souffles de la vie immense, ô bruits sacrés,
Hâtez-vous: l'heure est proche où vous vous éteindrez!

La Vision de Snorr.

O mon Seigneur Christus! hors du monde charnel
Vous m'avez envoyé vers les neuf maisons noires:
Je me suis enfoncé dans les antres de Hel.

Dans la nuit sans aurore où grincent les mâchoires,
Quand j'y songe, la peur aux entrailles me mord!
J'ai vu l'éternité des maux expiatoires.

Me voici revenu, tout blême, comme un mort.
Seigneur Dieu, prenez-moi, par grâce, en votre garde,
Et si je fais le mal, donnez-m'en le remord.

Le prince des Brasiers est là qui me regarde,
Vêtu de flamme bleue et rouge. Il est assis
Dans le palais infect qui suinte et se lézarde.

Il siége en la grand'salle aux murs visqueux, noircis,
Où filtre goutte à goutte une bave qui fume,
Et d'où tombent des nœuds de reptiles moisis.

Au-dessus du Malin, sur qui pleut cette écume,
Tournoie, avec un haut vacarme, un Dragon roux
Qui bat de l'envergure au travers de la brume.

En bas, gît le marais des Lâches, des Jaloux,
Des Hypocrites vils, des Fourbes, des Parjures,
Ils grouillent dans la bourbe et creusent les remous,

Ils geignent, bossués de pustules impures.
Serait-ce là, Seigneur, leur expiation,
D'être un vomissement de ce lieu de souillures?

Sur des quartiers de roc toujours en fusion,
Muets, sont accoudés les sept Convives mornes,
Les sept Diables royaux du vieux Septentrion.

Ainsi que les héros buvaient à pleines cornes
L'hydromel prodigué pour le festin guerrier,
Quand les Skaldes chantaient sur la harpe des Nornes !

Les sept Démons qu'enfin vous vîntes châtier,
En des cruches de plomb qui corrodent leurs bouches,
Puisent des pleurs bouillants au fond d'un noir cuvier.

Auprès, les bras roidis, les yeux caves et louches,
Broyant d'épais cailloux sous des meules d'airain,
Tournent en haletant les trois Vierges farouches.

Leur cœur pend au dehors et saigne de chagrin,
Tant leurs labeurs sont durs et leurs peines ingrates ;
Car nul ne peut manger la farine du grain.

Autour d'elles, pourtant, courent à quatre pattes
Les Avares, aux reins de maigreur écorchés,
Tels que des loups tirant des langues écarlates.

Puis, sur des lits de pourpre ardente, sont couchés,
Non plus ivres enfin de leurs voluptés vaines,
Les Languissants, au joug de la chair attachés ;

Leurs fronts sont couronnés de flambantes verveines ;
Mais tandis que leur couche échauffe et cuit leurs flancs,
L'amer et froid dégoût coagule leurs veines.

Voici ceux qui tuaient jadis, les Violents,
Les Féroces, blottis aux creux de quelque gorge,
Qui, la nuit, guettaient l'homme et se ruaient hurlants ;

Maintenant, l'un s'endort ; l'autre en sursaut l'égorge ;
Le misérable râle, et le sang, par jets prompts,
Sort, comme du tonneau le jus mousseux de l'orge.

Et ceux qui, sur l'autel où nous vous adorons,
Ont déchiré la nappe et bu dans vos calices
Et sur vos serviteurs fait pleuvoir les affronts,

Qui nous ont enterrés, vivants, dans nos cilices,
Qui de la sainte étole ont serré notre cou,
Pour ceux-là le Malin épuise les supplices.

Enfin, je vois le peuple antique, aveugle et fou,
La race qui vécut avant votre lumière,
Seigneur! et qui marchait, hélas! sans savoir où :

Tels qu'un long tourbillon de vivante poussière
Le même vent d'erreur les remue au hasard,
Et le soleil du Diable éblouit leur paupière.

Or, vous nous avez fait, certes, la bonne part,
A nous qui gémissons sur cette terre inique ;
Mais pour les anciens morts vous êtes venu tard !

Donc, chacun porte au front une lettre runique
Qui change sa cervelle en un charbon fumant,
Car il n'a point connu la loi du Fils unique !

Ainsi, gêne sur gêne et tourment sur tourment,
Carcans de braise, habits de feu, fourches de flammes,
Tout cela, tout cela dure éternellement.

Dans les antres de Hel, dans les cercles infâmes,
Voilà ce que j'ai vu par votre volonté,
O sanglant Rédempteur de nos mauvaises âmes !

Souvenez-vous de Snorr dans votre éternité !

Le Barde de Temrah.

Le soleil a doré les collines lointaines ;
Sous le faîte mouillé des bois étincelants
Sonne le timbre clair et joyeux des fontaines.

Un chariot massif, avec deux buffles blancs,
Longe, au lever du jour, la sauvage rivière
Où le vent frais de l'Est rit dans les joncs tremblants.

Un jeune homme, vêtu d'une robe grossière,
Mène paisiblement l'attelage songeur ;
Tout autour, les oiseaux volent dans la lumière.

Ils chantent, effleurant le calme voyageur,
Et se posent parfois sur cette tête nue
Où l'aube, comme un nimbe, a jeté sa rougeur.

Et voici qu'il leur parle une langue inconnue;
Et, l'aile frémissante, un essaim messager
Semble écouter, s'envole et monte dans la nue.

A l'ombre des bouleaux au feuillage léger,
Sous l'humble vêtement tissé de poils de chèvre,
La croix de bois au cou, tel passe l'Étranger.

Trois filles aux yeux bleus, le sourire à la lèvre,
Courent dans la bruyère et font partir au bruit
Le coq aux plumes d'or, la perdrix et le lièvre.

Du rebord des talus où leur front rose luit,
Écartant le feuillage et la tête dressée,
Chacune d'un regard curieux le poursuit.

Lui, comme enseveli dans sa vague pensée,
S'éloigne lentement par l'agreste chemin,
Le long de l'eau, des feux du matin nuancée.

Il laisse l'aiguillon échapper de sa main,
Et, les yeux clos, il ouvre aux ailes de son âme
Le monde intérieur et l'horizon divin.

Le soleil s'élargit et verse plus de flamme,
Un air plus tiède agite à peine les rameaux,
Le fleuve resplendit, tel qu'une ardente lame.

La plume d'aigle au front, drapés de longues peaux,
Des guerriers tatoués poussent par la vallée
Des bœufs rouges pressés en farouches troupeaux.

Et leur rumeur mugit de cris rauques mêlée,
Et les cerfs, bondissant aux lisières des bois,
Cherchent plus loin la paix que ces bruits ont troublée.

Les hommes et les bœufs entourent à la fois
Le chariot roulant dans sa lenteur égale,
Et les mugissements se taisent, et les voix.

Et tous s'en vont, les yeux dardés par intervalle,
Ayant cru voir flotter comme un rayonnement
Autour de l'Étranger mystérieux et pâle.

Puis, les rudes bergers et le troupeau fumant
Disparaissent. Leur bruit dans la forêt s'enfonce
Et sous les dômes verts s'éteint confusément,

Sur une âpre hauteur que hérisse la ronce,
Parmi des blocs aigus et d'épais rochers plats,
Deux vieillards sont debout, dont le sourcil se fronce.

Ils regardent d'un œil plein de sombres éclats
Venir ce voyageur humble, faible et sans crainte,
Qu'au détour du coteau traînent deux buffles las.

De chêne entrelacé de houx leur tempe est ceinte.
Ils allument soudain les sanglants tourbillons
D'un bûcher dont le vent fouette la flamme sainte.

Ils parlent, déroulant les incantations,
Conviant tous les Dieux qui hantent les orages,
Par qui le jour s'éclipse aux yeux des nations.

Comme un lourd océan sorti de ses rivages,
A leur voix la nuit morne engloutit le soleil,
Et l'éclair de la foudre entr'ouvre les nuages.

Puis l'horizon se tait, aux tombeaux sourds pareil;
Le vent cesse, la vie entière est suspendue :
Terre et ciel sont rentrés dans l'inerte sommeil.

Tout est noir et sans forme en l'immense étendue.
Sous l'air pesant où plane un silence de mort
Le chariot s'arrête en sa route perdue.

Mais l'Étranger du doigt effleure sans effort
Son front baissé, son sein, selon l'ordre et le nombre :
Des quatre points qu'il touche un flot lumineux sort.

Et les quatre rayons, à travers la nuit sombre,
D'un éblouissement brusque et mystérieux
Tracent un long chemin qui resplendit dans l'ombre.

Et la lumière alors renaît au fond des cieux ;
Les oiseaux ranimés chantent l'aube immortelle ;
Les cerfs brament aux pieds des chênes radieux ;

Le soleil est plus doux et la terre est plus belle ;
Et les vieillards, auprès du bûcher consumé,
Sentent passer le Dieu d'une race nouvelle.

L'homme qu'ils redoutaient et qu'ils ont blasphémé,
Cet inconnu tranquille et vénérable aux anges,
Poursuit sa route, assis dans un char enflammé.

Il vient de loin, il sait des paroles étranges
Qui germent dans le cœur du sage et du guerrier ;
Il ouvre un ciel d'azur aux enfants dans leurs langes.

Il brave en souriant le glaive meurtrier ;
Il console et bénit, et le Dieu qu'il adore
Descend à son appel et l'écoute prier.

O verdoyante Érinn ! sur ton sable sonore
Un soir il aborda, venu des hautes mers ;
Sa trace au sein des flots brillait comme une aurore.

On dit que sur son front la neige, dans les airs,
Arrondit tout à coup sa voûte lumineuse,
Et que ton sol fleurit sous le vent des hivers.

Depuis, il a soumis ta race belliqueuse ;
Des milliers ont reçu le baptême éternel,
Et les anges, Érinn, te nomment bienheureuse !

Mais tous n'ont point goûté l'eau lustrale et le sel ;
Il en est qui, remplis de songes immuables,
Suivent l'ancien soleil qui décroît dans le ciel.

La nuit monte. Parmi les pins et les érables
Gisent de noirs débris où la flamme a passé,
Du vain orgueil de l'homme images périssables.

Le lichen mord déjà le granit entassé,
Et l'herbe épaisse croît dans les fentes des dalles,
Et la ronce vivace entre au mur crevassé.

Les piliers et les fûts qui soutenaient les salles,
Épars ou confondus ont entravé les cours,
En croulant sous le faix des poutres colossales.

C'est dans ce palais mort, noir témoin des vieux jours,
Que l'Apôtre s'arrête. Au milieu des ruines
Il s'avance, et son pas émeut les échos sourds.

Les reptiles surpris rampent sous les épines ;
L'orfraie et le hibou sortent en gémissant,
Funèbre vision, des cavités voisines.

Bientôt, dans la nuit morne, un jet rouge et puissant
Flamboie entre deux pans d'une tour solitaire ;
La fumée au-dessus roule en s'élargissant.

Un homme est assis là sur un monceau de terre.
Le brasier l'enveloppe en sa chaude lueur ;
Sa barbe et ses cheveux couvrent sa face austère.

Muet, les bras croisés, il suit avec ardeur,
Les yeux caves et grands ouverts, un sombre rêve,
Et courbe son dos large, où saillit la maigreur.

Sur ses genoux velus étincelle un long glaive ;
Une harpe de pierre est debout à l'écart,
D'où le vent, par instants, tire une plainte brève.

L'Apôtre, auprès du feu, contemple ce vieillard :
— Je te salue, au nom du Rédempteur des âmes ! —
— Salut, enfant ! Demain tu serais venu tard.

Avant que ce foyer ait épuisé ses flammes,
Je serai mort : les loups dévoreront ma chair,
Et mon nom périra parmi nos clans infâmes. —

— Vieillard ! ton heure est proche et ton cœur est de fer.
N'as-tu point médité le Dieu sauveur du monde ?
Braves-tu jusqu'au bout l'irrémissible Enfer ?

Resteras-tu plongé dans cette nuit profonde
D'où ta race s'élance à la sainte Clarté?
Veux-tu, seul, du Démon garder la marque immonde?

Celui qui m'a choisi, dans mon indignité,
Pour répandre sa gloire et sa grâce infinie,
Est descendu pour toi de son éternité.

De l'immense univers la paix était bannie :
Il a tendu les bras aux peuples furieux,
Et son sang a coulé pour leur ignominie.

S'il réveillait d'un mot les morts silencieux,
Ne peut-il t'appeler du fond de ton abîme,
Et faire luire aussi la lumière à tes yeux?

Mais tu n'ignores plus son histoire sublime,
Et tu le sais, voici que le saint avenir
Germe, arrosé des pleurs de la grande Victime.

Écoute! de la terre aux cieux entends frémir
L'hymne d'amour plus haut que la clameur des haines :
Le siècle des Esprits violents va finir.

Vois! le palais du fort croule au niveau des plaines;
Le bras qui brandissait l'épée est desséché;
L'humble croit en Celui par qui tombent ses chaînes.

Jette un cri vers ce Dieu rayonnant et caché,
Reçois l'Eau qui nous rend plus forts que l'agonie,
Remonte au Jour sans fin de la nuit du Péché!

Et ta harpe, aujourd'hui veuve de ton génie,
A Celui dont la terre et tous les cieux sont pleins
Emportera ton âme avec son harmonie! —

L'autre reste immobile, et, dressé sur ses reins,
Prête l'oreille au vent, comme si les ténèbres
Se remplissaient d'échos venus des jours anciens.

— O palais de Temrah, séjour des Finns célèbres,
Dit-il, où flamboyaient les feux hospitaliers,
Maintenant, lieu désert hanté d'oiseaux funèbres!

Salles où s'agitait la foule des guerriers,
Que de fois j'ai versé dans leurs cœurs héroïques
Les chants mâles du Barde à vos murs familiers!

Hautes tours, qui jetiez dans les nuits magnifiques
Jusqu'aux astres l'éclat des bûchers ceints de fleurs,
Et couronniez d'Érinn les collines antiques!

Et vous, assauts des forts, ô luttes des meilleurs,
Cris de guerre si doux à l'oreille des braves!
Étendards dont le sang retrempait les couleurs!

Cœurs libres, qui battiez sans peur et sans entraves !
Esprits qui remontiez noblement vers les Dieux,
Dans l'orgueil d'une mort inconnue aux esclaves !

Salut, palais en cendre où vivaient mes aïeux !
O chants sacrés, combats, vertus, fêtes et gloire,
O soleils éclipsés, recevez mes adieux !

Ton peuple, sainte Érinn, a perdu la mémoire,
Et, seul, des vieux chefs morts j'entends la sombre voix ;
Ils parlent, et mon nom roule dans la nuit noire :

Viens ! disent-ils, la hache a mutilé les bois,
L'esclave rampe et prie où chantaient les épées,
Et tous les Dieux d'Érinn sont partis à la fois !

Viens ! les âmes des Finns, à l'opprobre échappées,
Dans la salle aux piliers de nuages brûlants
Siègent, la coupe au poing, de pourpre et d'or drapées.

Le glaive qui les fit illustres bat leurs flancs ;
Elles rêvent de gloire aux fiers accents du barde,
Et la verveine en fleur presse leurs fronts sanglants.

Mais la foule des chefs parfois songe et regarde
S'il arrive, le roi des chanteurs de Temrah ;
Ils disent, en rumeur : — Voici longtemps qu'il tarde !

O chefs ! j'ai trop vécu. Quand l'aube renaîtra,
Je vous aurai rejoints dans la nue éternelle,
Et, comme en mes beaux jours, ma harpe chantera ! —

L'Apôtre dit : — Vieillard ! ta raison se perd-elle ?
Il n'est qu'un ciel promis par la bonté de Dieu,
Vers qui l'humble vertu s'envole d'un coup d'aile.

L'infidèle endurci tombe en un autre lieu
Terrible, inexorable, aux douleurs sans relâche,
Où l'Archange maudit l'enchaîne dans le feu ! —

— Étranger, réponds-moi : Sais-tu ce qu'est un lâche ?
Moins qu'un chien affamé qui hurle sous les coups !
Quelle langue l'a dit de moi, que je l'arrache !

Où mes pères sont-ils ? — Où les païens sont tous !
Pour leur éternité, dans l'ardente torture
Dieu les a balayés du vent de son courroux ! —

Le vieux Barde, à ces mots, redressant sa stature,
Prend l'épée, en son cœur il l'enfonce à deux mains
Et tombe lentement contre la terre dure :

— Ami, dis à ton Dieu que je rejoins les miens. —

C'est ainsi que mourut, dit la sainte légende,
Le chanteur de Temrah, Murdoc'h aux longs cheveux,
Vouant au noir Esprit cette sanglante offrande.

Le palais écroulé s'illumina de feux
Livides, d'où sortit un grand cri d'épouvante.
Le Barde avait rejoint les siens, selon ses vœux.

Auprès du corps, dont l'âme, hélas! était vivante,
L'Apôtre en gémissant courba les deux genoux;
Mais Dieu n'exauça point son oraison fervente.

Et Murdoc'h fut mangé des aigles et des loups.

L'Épée d'Angantyr.

Angantyr, dans sa fosse étendu, pâle et grave,
A l'abri de la lune, à l'abri du soleil,
L'épée entre les bras, dort son muet sommeil;
Car les aigles n'ont point mangé la chair du brave,
Et la seule bruyère a bu son sang vermeil.

Au faîte du cap noir sous qui la mer s'enfonce,
La fille d'Angantyr que nul bras n'a vengé
Et qui, dans le sol creux, gît d'un tertre chargé,
Hervor, le sein meurtri par la pierre et la ronce,
Trouble de ses clameurs le héros égorgé.

HERVOR.

Angantyr, Angantyr! c'est Hervor qui t'appelle.
O chef, qui labourais l'écume de la mer,

Donne-moi ton épée à la garde de fer,
La lame que tes bras serrent sur ta mamelle,
Le glaive qu'ont forgé les Nains, enfants d'Ymer.

ANGANTYR.

Mon enfant, mon enfant, pourquoi hurler dans l'ombre
Comme la maigre louve au bord des tombeaux sourds?
La terre et le granit pressent mes membres lourds,
Mon œil clos ne voit plus que l'immensité sombre;
Mais je ne puis dormir si tu hurles toujours.

HERVOR.

Angantyr, Angantyr! sur le haut promontoire
Le vent qui tourbillonne emporte mes sanglots,
Et ton nom, ô guerrier, se mêle au bruit des flots.
Entends-moi, réponds-moi de ta demeure noire,
Et soulève la terre épaisse avec ton dos.

ANGANTYR.

Mon enfant, mon enfant, ne trouble pas mon rêve:
Si le sépulcre est clos, l'esprit vole au dehors.
Va! Je bois l'hydromel dans la coupe des forts;
Le ciel du Valhalla fait resplendir mon glaive,
Et la voix des vivants est odieuse aux morts.

HERVOR.

Angantyr, Angantyr! donne-moi ton épée.
Tes enfants, hormis moi, roulent, nus et sanglants,

Dans l'onde où les poissons déchirent leurs reins blancs.
Moi, seule de ta race, à la mort échappée,
Je suspendrai la hache et le glaive à mes flancs.

ANGANTYR.

Mon enfant, mon enfant, restons ce que nous sommes :
La quenouille est assez pesante pour ta main.
Hors d'ici ! va ! La lune éclaire ton chemin.
O femme, hors d'ici ! Le fer convient aux hommes,
Et ton premier combat serait sans lendemain.

HERVOR.

Angantyr, Angantyr ! rends-moi mon héritage.
Ne fais pas cette injure à ta race, ô guerrier !
De ravir à ma soif le sang du meurtrier.
Ou, sinon, par Fenris ! puisse le loup sauvage
Arracher du tombeau tes os et les broyer !

ANGANTYR.

Mon enfant, mon enfant, c'est bien, ton âme est forte.
La fille des héros devait parler ainsi
Et rendre à leur honneur son éclat obscurci.
Prends l'Épée immortelle, ô mon sang, et l'emporte !
Cours, venge-nous, et meurs en brave. La voici.

Angantyr, soulevant le tertre de sa tombe,
Tel qu'un spectre, les yeux ouverts et sans regards,
Se dresse, et lentement ouvre ses bras blafards

D'où l'épée au pommeau de fer s'échappe et tombe.
Et le héros aux dents blanches dit : Prends et pars !

Puis, tandis qu'il s'étend sur le dos dans sa couche,
Qu'il recroise les bras et se rendort sans bruit,
Hervor, en brandissant l'acier qui vibre et luit,
Ses cheveux noirs au vent, comme une ombre farouche,
Bondit et disparaît au travers de la nuit.

Le Cœur de Hialmar.

Une nuit claire, un vent glacé. La neige est rouge.
Mille braves sont là qui dorment sans tombeaux,
L'épée au poing, les yeux hagards. Pas un ne bouge.
Au-dessus tourne et crie un vol de noirs corbeaux.

La lune froide verse au loin sa pâle flamme:
Hialmar se soulève entre les morts sanglants,
Appuyé des deux mains au tronçon de sa lame.
La pourpre du combat ruisselle de ses flancs.

— Holà! Quelqu'un a-t-il encore un peu d'haleine,
Parmi tant de joyeux et robustes garçons
Qui, ce matin, riaient et chantaient à voix pleine
Comme des merles dans l'épaisseur des buissons?

Tous sont muets. Mon casque est rompu, mon armure
Est trouée, et la hache a fait sauter ses clous.
Mes yeux saignent. J'entends un immense murmure
Pareil aux hurlements de la mer ou des loups.

Viens par ici, Corbeau, mon brave mangeur d'hommes!
Ouvre-moi la poitrine avec ton bec de fer.
Tu nous retrouveras demain tels que nous sommes.
Porte mon cœur tout chaud à la fille d'Ylmer.

Dans Upsal, où les Jarls boivent la bonne bière,
Et chantent, en heurtant les cruches d'or, en chœur,
A tire d'aile vole, ô rôdeur de bruyère!
Cherche ma fiancée et porte-lui mon cœur.

Au sommet de la tour que hantent les corneilles
Tu la verras debout, blanche, aux longs cheveux noirs.
Deux anneaux d'argent fin lui pendent aux oreilles,
Et ses yeux sont plus clairs que l'astre des beaux soirs.

Va, sombre messager, dis-lui bien que je l'aime,
Et que voici mon cœur. Elle reconnaîtra
Qu'il est rouge et solide et non tremblant et blême;
Et la fille d'Ylmer, Corbeau, te sourira!

Moi, je meurs. Mon esprit coule par vingt blessures.
J'ai fait mon temps. Buvez, ô loups, mon sang vermeil.
Jeune, brave, riant, libre et sans flétrissures,
Je vais m'asseoir parmi les Dieux, dans le soleil!

Les Larmes de l'Ours.

Le roi des Runes vint des collines sauvages.
Tandis qu'il écoutait gronder la sombre mer,
L'ours rugir, et pleurer le bouleau des rivages,
Ses cheveux flamboyaient dans le brouillard amer.

Le Skalde immortel dit : — Quelle fureur t'assiége,
O sombre Mer ! Bouleau pensif du cap brumeux,
Pourquoi pleurer ? Vieil Ours vêtu de poil de neige,
De l'aube au soir pourquoi te lamenter comme eux ?

— Roi des Runes ! lui dit l'Arbre au feuillage blême
Qu'un âpre souffle emplit d'un long frissonnement,
Jamais, sous le regard du bienheureux qui l'aime,
Je n'ai vu rayonner la vierge au col charmant.

— Roi des Runes ! jamais, dit la Mer infinie,
Mon sein froid n'a connu la splendeur de l'été.
J'exhale avec horreur ma plainte d'agonie,
Mais, joyeuse, au soleil, je n'ai jamais chanté.

— Roi des Runes ! dit l'Ours, hérissant ses poils rudes,
Lui que ronge la faim, le sinistre chasseur ;
Que ne suis-je l'agneau des tièdes solitudes
Qui paît l'herbe embaumée et vit plein de douceur ! —

Et le Skalde immortel prit sa harpe sonore :
Le chant sacré brisa les neuf sceaux de l'hiver ;
L'Arbre frémit, baigné de rosée et d'aurore ;
Des rires éclatants coururent sur la Mer ;

Et le grand Ours charmé se dressa sur ses pattes :
L'amour ravit le cœur du monstre aux yeux sanglants,
Et, par un double flot de larmes écarlates,
Ruissela de tendresse à travers ses poils blancs.

Le Runoïa.

Chassée en tourbillons du Pôle solitaire,
La neige primitive enveloppe la terre;
Livide, et s'endormant de l'éternel sommeil,
Dans la divine mer s'est noyé le soleil.
A travers les pins blancs qu'il secoue et qu'il ploie,
Le vent gronde. La pluie aux grains de fer tournoie
Et disperse, le long des flots amoncelés,
De grands troupeaux de loups hurlants et flagellés.
Seule, immobile au sein des solitudes mornes,
Pareille au sombre Ymer évoqué par les Nornes,
Muette dans l'orage, inébranlable aux vents,
Et la tête plongée aux nuages mouvants,
Sur le cap nébuleux, sur le haut promontoire,
La tour de Runoïa se dresse toute noire :
Noire comme la nuit, haute comme les monts,
Et tournée à la fois vers les quatre horizons.

Mille torches pourtant flambent autour des salles,
Et nul souffle n'émeut leurs flammes colossales.
Des ours d'or accroupis portent de lourds piliers
Où pendent les grands arcs, les pieux, les boucliers,
Les carquois hérissés de traits aux longues pennes,
Des peaux de loups géants, et des rameaux de rennes;
Et là, mille Chasseurs, assis confusément,
Versent des cruches d'or l'hydromel écumant.
Les Runoïas, dans l'ombre allumant leur paupière,
Se courbent haletants sur les harpes de pierre :
Les antiques récits se déroulent en chœur,
Et le sang des aïeux remonte dans leur cœur.
Mais le vieux roi du Nord à la barbe de neige
Reste silencieux et pensif sur son siége.
Un éternel souci ride le front du Dieu :
Il couvre de Runas la peau du Serpent bleu,
Et rêve inattentif aux hymnes héroïques.
Un réseau d'or le ceint de ses anneaux magiques;
Sa cuirasse est d'argent, sa tunique est de fer;
Ses yeux ont le reflet azuré de la mer.
Auprès du Dieu, debout dans sa morne attitude,
Est le guerrier muet qu'on nomme Inquiétude.

LES RUNOÏAS.

Où sont les héros morts, rois de la haute mer,
Qui heurtaient le flot lourd du choc des nefs solides?
Ils ne sentiront plus l'âpre vent de l'hiver
Et la grêle meurtrir leurs faces intrépides.

O guerriers énervés qui chassez par les monts
Les grands élans rameux source de l'abondance,
Vos pères sont couchés dans les épais limons :
Leur suaire est d'écume et leur tombe est immense.

LES CHASSEURS.

La paix est sur la terre. Il nous faut replier
La voile rouge autour des mâts chargés d'entraves,
Et pendre aux murs les pieux, l'arc et le bouclier.
Runoïas! le repos est nécessaire aux braves.
Nos glaives sont rouillés, nos navires sont vieux;
L'or des peuples vaincus encombre nos demeures :
Pour mieux jouir des biens conquis par nos aïeux,
Puissions-nous ralentir le cours des promptes heures!

LES RUNOÏAS.

Écoutez vos enfants, guerriers des jours anciens!
La hache du combat pèse à leurs mains débiles,
Comme de maigres loups ils dévorent vos biens,
Et le sang est tari dans leurs veines stériles.
Mais non, dormez! Mieux vaut votre cercueil mouvant,
Votre lit d'algue au sein de la mer soulevée;
Mieux vaut l'hymne orageux qui roule avec le vent,
Que d'entendre et de voir votre race énervée!
Mangez, buvez, enfants dégénérés des forts,
Race sans gloire! Et vous, comme l'acier trempées,
Ames de nos aïeux, essaims de noirs remords,
Saluez à jamais le siècle des épées!

LES CHASSEURS.

Nous partirons demain, joyeux et l'arc au dos;
Nous forcerons les cerfs paissant les mousses rudes;
Et vers la nuit, courbés sous d'abondants fardeaux,
Nous reviendrons en paix du fond des solitudes.
Les filles aux yeux clairs plus doux que le matin,
De leur pied rose et nu, promptes comme le renne,
Accourront sur la neige, et pour le gras festin
Feront jaillir le feu sous les broches de frêne.
L'hydromel écumeux déborde aux cruches d'or:
Laissons chanter l'ivresse et se rouiller les glaives,
Et l'orage éternel qui nous épargne encor
Avec les vains labeurs emporter les vieux rêves!

LE RUNOÏA.

Runoïas! le soleil suprême est-il levé?
A-t-il rougi le ciel le jour que j'ai rêvé?
Avez-vous entendu la Vieille au doigt magique
Frapper l'heure et l'instant sur le tambour Runique?
L'aigle a-t-il délaissé le faîte de la tour?
Répondez, mes enfants, avez-vous vu le jour?

LES RUNOÏAS.

Vieillard de Karjala, la nuit est noire encore,
Et le cap nébuleux n'a point revu l'aurore.

LE RUNOÏA.

Il vient! il a franchi l'épaisseur de nos bois!
Le fleuve aux glaçons bleus fond et chante à sa voix;
Les grands loups de Pohja, gémissant de tendresse,
Ont clos leurs yeux sanglants sous sa douce caresse.
Le Cheval aux crins noirs, l'Étalon carnassier
Dont les pieds sont d'airain, dont les dents sont d'acier,
Qui rue et qui hennit dans les steppes divines,
Reçoit le mors dompteur de ses mains enfantines!

LES RUNOÏAS.

Éternel Runoïa, qu'as-tu vu dans la nuit?
L'ombre immense du ciel roule, pleine de bruit,
A travers les forêts par le vent secouées;
La neige en tourbillons durcit dans les nuées.

LE RUNOÏA.

Mes fils, je vois venir le Roi des derniers temps,
Faible et rose, couvert de langes éclatants.
L'étroit cercle de feu qui ceint ses tempes nues
Comme un rayon d'été perce les noires nues.
Il sourit à la mer furieuse, et les flots
Courbent leur dos d'écume et calment leurs sanglots.
Les rafales de fer qui brisent les ramures
Et des aigles marins rompent les envergures
N'osent sur son cou frêle effleurer ses cheveux,
Et l'aube d'un grand jour jaillit de ses yeux bleus!

LES CHASSEURS.

La Vieille de Pohja, la reine des sorcières,
A ri dans ton oreille et brûlé tes paupières,
Vieillard de Karjala, roi des hautes forêts!
Comme le cerf dompté qui brame dans les rets,
Tu gémis, enlacé d'enchantements magiques.
Père des Runoïas, Dieu des races antiques,
Vois! nous chantons, puisant l'oubli des jours mauvais
Dans les flots enivrants de l'hydromel épais.
Imite-nous, ô Chef des sacrés promontoires,
Et buvons sans pâlir aux temps expiatoires.

LE RUNOÏA.

Ils sont venus! Mes fils ont outragé mon nom!
Quand sur l'enclume d'or, l'éternel Forgeron,
Ilmarinenn, eut fait le couvercle du monde,
La tente d'acier pur étincelante et ronde,
Et du marteau divin fixé dans l'air vermeil
Les étoiles d'argent, la lune et le soleil;
Voyant le feu jaillir de la forge splendide,
J'ai dit que le travail était bon et solide.
J'ai menti. L'ouvrier fit mal. Il valait mieux
Dans le brouillard glacé laisser dormir les cieux.
Quand de l'Œuf primitif j'eus fait sortir les germes,
Battre la mer houleuse et monter les caps fermes,
Gronder les ours, hurler les loups, bondir les cerfs,
Et verdir les bouleaux sur le sein des déserts;

J'ai vu que mieux valaient le vide et le silence.
Quand j'eus conçu l'enfant de ma toute-puissance,
L'homme, le roi du monde et le sang de ma chair,
Son crâne fut de plomb et son cœur fut de fer.
J'en jure les Runas, ma couronne et mon glaive,
J'ai mal songé le monde et l'homme dans mon rêve!

La porte aux ais de fer, aux trois barres d'airain,
Sur ses gonds ébranlés roule et s'ouvre soudain;
Une femme, un enfant, dans la salle sonore
Entrent, enveloppés d'une vapeur d'aurore.
Les cheveux hérissés de colère, le Roi
Tord la bouche, et frémit sur son siége. L'effroi,
Comme un souffle incertain au noir monceau des nues,
Circule dans la foule en clameurs contenues.

LE RUNOÏA.

Chasseurs d'ours et de loups, debout, ô mes guerriers!
Ecrasez cet Enfant sous les pieux meurtriers;
Jetez dans les marais, sous l'onde envenimée,
Ses membres encor chauds, sa tête inanimée...
Et vous, ô Runoïas, enchantez le maudit!

Mais l'Enfant, d'une voix forte et douce, lui dit:

— Je suis le dernier-né des familles divines,
Le fruit de leur sillon, la fleur de leurs ruines,
L'Enfant tardif, promis au monde déjà vieux,
Qui dormis deux mille ans dans le berceau des Dieux,

Et, m'éveillant hier sur le fumier rustique,
Fus adoré des rois de l'Ariane antique.
O Runoïa! courbé du poids de cent hivers,
Qui rêves dans ta tour aux murmures des mers,
Je suis le sacrifice et l'angoisse féconde;
Je suis l'Anneau chargé des souillures du monde;
Et je viens apporter à l'homme épouvanté
Le mépris de la vie et de la volupté!
Et l'homme, couronné des fleurs de son ivresse,
Poussera tout à coup un sanglot de détresse;
Dans sa fête éclatante un éclair aura lui;
La mort et le néant passeront devant lui.
Et les heureux du monde, altérés de souffrance,
Boiront avec mon sang l'éternelle espérance,
Et loin du siècle impur, sur le sable brûlant,
Mourront les yeux tournés vers un gibet sanglant.
Je romprai les liens des cœurs, et sans mesure
J'élargirai dans l'âme une ardente blessure.
La vierge maudira sa grâce et sa beauté;
L'homme se renîra dans sa virilité;
Et les sages, rongés par les doutes suprêmes,
Sur leurs genoux ployés inclinant leurs fronts blêmes,
Honteux d'avoir vécu, honteux d'avoir pensé,
Purifîront au feu leur labeur insensé.
Les siècles écoulés, que l'œil humain pénètre,
Rentreront dans la nuit pour ne jamais renaître.
Je verserai l'oubli sur les Dieux, mes aînés,
Et je prosternerai leurs fronts découronnés,

Parmi les blocs épars de l'Orient torride,
Plus bas que l'herbe vile et la poussière aride;
Et pour l'éternité, sous l'eau vive des cieux,
Le bon grain germera dans le fumier des Dieux.
Maintenant, es-tu prêt à mourir, Roi du Pôle?
As-tu noué ta robe autour de ton épaule,
Chanté ton chant suprême au monde, et dit adieu
A ce soleil qui voit le dernier jour d'un Dieu?

LE RUNOÏA.

O neiges, qui tombez du ciel inépuisable,
Houles des hautes mers, qui blanchissez le sable,
Vents qui tourbillonnez sur les caps, dans les bois,
Et qui multipliez en lamentables voix,
Par delà l'horizon des steppes infinies,
Le retentissement des mornes harmonies!
Montagnes, que mon souffle a fait germer; torrents
Où s'étanche la soif de mes peuples errants;
Vous, fleuves, échappés des assises polaires,
Qui roulez à grand bruit sous les pins séculaires!
Et vous, Vierges, dansant sur la courbe des cieux,
Filles des claires nuits, si belles à mes yeux,
Otawas! qui versez de vos urnes dorées
La rosée et la vie aux plaines altérées!
Et vous, brises du jour, qui bercez les bouleaux;
Vous, îles, qui flottez sur l'écume des eaux;
Et vous, noirs étalons, ours des gorges profondes,
Loups qui hurlez, élans aux courses vagabondes!

Et vous, brouillards d'hiver, et vous, brèves clartés,
Qui flamboyez une heure au front d'or des étés!
Tous! venez tous, enfants de ma pensée austère,
Forces, grâces, splendeurs du ciel et de la terre;
Dites-moi si mon cœur est près de se tarir:
Monde que j'ai conçu, dis-moi s'il faut mourir!

L'ENFANT.

La neige que l'orage en lourdes nappes fouette
Sur la côte glacée est à jamais muette.
Les clameurs de la mer ne te diront plus rien.
La nuit est sans oreille, et sur le cap ancien,
Le vent emporte, avec l'écume dispersée,
Comme un écho perdu ta parole insensée.
Les fleuves et les monts n'entendent plus ta voix;
Tout l'univers, aveugle et stupide à la fois,
Roule comme un cadavre aux steppes de l'espace.
J'ai pris l'âme du monde, et sa force et sa grâce;
Et pour l'homme et pour toi, triste et vieux dans ta tour,
La nature divine est morte sans retour.

LES RUNOÏAS.

O Roi, que tardes-tu? Nos mains sont enchaînées
Par des liens plus forts que le poids des années.
Brise l'enchantement qui nous tient asservis,
Et nous écraserons l'Enfant sur le parvis.
O Roi, parle! ou du moins, si ta langue est liée,
Médite en ton esprit la science oubliée;

Et, pour nous arracher à nos doutes amers,
Grave les Runas d'or qui règlent l'univers!

L'ENFANT.

Vous ne chanterez plus sur les harpes de pierre,
D'un Dieu qui va mourir prêtres désespérés!
Mon souffle a dissipé comme un peu de poussière
Et la science antique et les chants inspirés.
Vous ne charmerez plus les oreilles humaines:
Mon nom leur paraîtra plus vénérable et doux.
Pareils aux bruits mourants des tempêtes lointaines,
Les vieux Jours dans l'oubli rentreront avec vous.
Les peuples railleront votre vaine sagesse,
Et d'un pied dédaigneux foulant vos os proscrits,
Prendront, pour ob[illegible] à ma loi vengeresse,
Votre mémoire en haine et vos noms en mépris.
Le siècle vous rejette, et la mort vous convie:
Subissez-la, muets, comme il sied aux cœurs forts;
Car il faut expier la gloire avec la vie,
Avant de s'endormir auprès des aïeux morts.

LES CHASSEURS.

Qu'ils meurent, s'il le faut! Dans les steppes natales
En chasserons-nous moins le cerf au bond léger?
Vienne le jour marqué par les Runas fatales!
La querelle des Dieux est pour nous sans danger.
Pourvu que l'ours rusé se prenne à nos embûches;
Que l'arc ne rompe pas, et qu'un chaud hydromel
Au prompt soleil du Nord fermente dans les cruches,

Frères, la vie est bonne à vivre sous le ciel!
Vivons, ouvrons nos cœurs aux ivresses nouvelles;
Chasser et boire en paix, voilà l'unique bien.
Buvons! Notre sang brûle et nos femmes sont belles;
Demain n'est pas encore, et le passé n'est rien!

L'ENFANT.

Vous descendrez vivants dans ma géhenne en flamme,
Chiens aboyeurs repus d'hydromel et de chair!
Vous serez consumés dès angoisses de l'âme,
Vous vous tordrez hurlants dans le septième enfer!
Pareils aux pins ployés par le mal qui les ronge,
Tristes dès le berceau, sans joie et sans vigueur,
Vos enfants grandiront et vivront comme en songe,
Le glaive du désir enfoncé dans le cœur.
Pleins d'ennuis aux récits des choses disparues,
D'un œil morne ils verront sans plaisir ni regrets,
Par la hache et le feu, sous le soc des charrues,
Tomber la majesté de leurs vieilles forêts.
Ils auront froid et faim sur la terre glacée;
Ils gémiront d'errer dans les brouillards du Nord;
Et la volupté même, en leur veine épuisée,
Au lieu d'un sang nouveau fera courir la mort.
Ainsi, Dieu, Runoïas, chasseurs du sol polaire,
Je vous retrancherai de mon sillon jaloux,
Et je ferai germer ma moisson de colère
Sur l'éternelle fange où vous rentrerez tous.

Blanche sous le lin chaste et rude, illuminée
Du nimbe d'or flottant sur sa tête inclinée,
La Vierge d'Orient, une ombre dans les yeux,
Pressait entre ses bras son fils mystérieux;
Et l'Enfant, sur le sein de la femme pensive
Parlait, et comme au vent tremblait la tour massive;
Et mieux qu'un glaive amer aux mains des combattants,
Sa voix calme plongeait dans les cœurs palpitants.
Plus pâles que les morts esclaves des sorcières,
Qui par les froides nuits rampent dans les bruyères,
Les Runoïas, courbés sous le dur jugement,
Rêvaient, dans leur angoisse et leur énervement.
Comme un dernier rayon qui palpite et dévie,
Ils voulaient ressaisir la pensée et la vie,
Mais leur esprit, semblable aux feuilles des vallons,
Hors d'eux-mêmes, errait en de noirs tourbillons.
Debout, tumultueux, la barbe hérissée,
Et laissant choir soudain la coupe commencée,
Les Chasseurs, assaillis de vertige, brisaient
Les cruches où leurs mains incertaines puisaient,
Et, les yeux enflammés d'épouvante et d'ivresse,
Vers le vieux Roi du Nord criaient pleins de détresse.
Lui, sur son front ridé du souci de la mort,
Sentant passer le souffle ardent d'un Dieu plus fort,
Muet, inattentif aux clameurs élevées,
Évoquait dans son cœur les Runas réservées.

Mais l'Enfant, sur la peau du Serpent azuré,

S'inclina doucement comme un rameau doré,
Et, coupant deux fois l'air par un signe mystique,
D'un doigt rose effleura l'écriture magique.
Et les Runas fondaient, et des genoux du Dieu
Coulaient sur le parvis en clairs ruisseaux de feu,
Rapides, bondissant, serpentant sur les dalles,
Et brûlant les pieds nus dans le cuir des sandales.
Et les pieux et les arcs saisis sur les piliers,
Les glaives, de leur gaîne arrachés par milliers,
Se heurtèrent aux mains de la foule en délire.
Avec des cris de rage et des éclats de rire,
Runoïas et Chasseurs, de flammes enlacés,
Se ruaient au combat par élans insensés,
Comme un essaim confus d'abeilles furieuses,
Ou tels que, vers midi, sous les faux radieuses,
Au rebord des sillons tombent les épis mûrs;
Et le sang jaillissait sur les parois des murs.
Mais voici qu'au milieu de la lutte suprême,
La Tour, en flamboyant s'affaissa sur soi-même,
Et comme une montagne, en son écroulement,
Emplit la noire nuit d'un long rugissement.

Seul des siens, à travers cette ruine immense,
L'éternel Runoïa descendit en silence.
Dépossédé d'un monde, il lança sur la mer
Sa nacelle d'airain, sa barque à fond de fer;
Et tandis que le vent, d'une brusque rafale,
Tordait les blancs flocons de sa barbe royale,

Les regards attachés aux débris de sa tour,
Il cria dans la nuit : — Tu mourras à ton tour !
J'atteste par neuf fois les Runas immortelles,
Tu mourras comme moi, Dieu des âmes nouvelles,
Car l'homme survivra ! Vingt siècles de douleurs
Feront saigner sa chair et ruisseler ses pleurs,
Jusqu'au jour où ton joug, subi deux mille années,
Fatiguera le cou des races mutinées ;
Où tes temples dressés parmi les nations
Deviendront en risée aux générations ;
Et ce sera ton heure ! et dans ton ciel mystique
Tu rentreras, vêtu du suaire ascétique,
Laissant l'homme futur, indifférent et vieux,
Se coucher et dormir en blasphémant les Dieux ! —

Et, nageant dans l'écume et les bruits de l'abîme,
Il disparut, tourné vers l'espace sublime.

La Mort de Sigurd.

Le Roi Sigurd est mort. Un lourd tissu de laine
Couvre, du crâne aux pieds, le Germain au poil blond.
Son beau corps sur la dalle est couché, roide et long:
Son sang ruisselle, tiède, et la salle en est pleine.

Quatre femmes sont là, quatre épouses de chefs:
La Franke Gudruna, l'inconsolable veuve,
Et la reine des Huns, errant loin de son fleuve,
Et celle des Norrains, hardis monteurs de nefs.

Assises contre terre, aux abords du cadavre,
Tandis que toutes trois sanglotent, le front bas,
La Burgonde Brunhild, seule, ne gémit pas,
Et contemple, l'œil sec, l'angoisse qui les navre.

Herborga, sur son dos jetant ses cheveux bruns,
S'écrie à haute voix : — Ta peine est grande, certes,
O femme ! mais il est de plus amères pertes ;
J'ai subi plus de maux chez les cavaliers Huns.

Hélas ! n'ai je point vu les torches et les glaives ?
Mes frères égorgés, rougissant nos vallons
De leurs membres liés aux crins des étalons,
Et leurs crânes pendus à l'arçon des Suèves ?

Moi-même, un chef m'a prise, et j'ai, durant six ans,
Sous sa tente de peaux nettoyé sa chaussure.
Vois ! n'ai-je point gardé l'immonde flétrissure
Du fouet de l'esclavage et des liens cuisants ? —

Herborga s'étant tue, Ullranda dit : — O Reine,
Que votre mal, auprès de mes maux, est léger !
Ne dormirai-je point sous un sol étranger,
Exilée à jamais de nos plages Norraines ?

N'ai-je point vu mes fils, ivres des hautes mers,
Tendre la voile pleine au souffle âpre des brises ?
Ils ne reviendront plus baiser mes tresses grises ;
Mes enfants sont couchés dans les limons amers !

O femmes ! aujourd'hui que je suis vieille et seule,
Que l'angoisse a brisé mon cœur, courbé mon dos,
Je ne verrai jamais la moelle de mes os,
Mes petits-fils sourire à leur mourante aïeule. —

Elle se tait. Brunhild se penche, et soulevant
Le drap laineux sous qui dort le roi des framées,
Montre le mâle sein, les boucles enflammées,
Tout l'homme, fier et beau, comme il l'était vivant.

Elle livre aux regards de la veuve royale
Les dix routes par où l'esprit a pris son vol,
Les dix fentes de pourpre ouvertes sous le col
Qu'au héros endormi fit la mort déloyale.

Gudruna pousse trois véhémentes clameurs:
— Sigurd! Sigurd! Sigurd est mort! Ah! malheureuse!
Que ne puis-je remplir la fosse qu'on lui creuse!
Sigurd a rendu l'âme, et voici que je meurs.

Quand vierge, jeune et belle, à lui, beau, jeune et brave,
Le col, le sein, parés d'argent neuf et d'or fin,
Je fus donnée, ô ciel! ce fut un jour sans fin,
Et je dis en mon cœur : Fortune, je te brave!

Femmes! c'était hier! et c'est hier aussi
Que j'ai vu revenir le bon cheval de guerre:
La fange maculait son poil luisant naguère,
De larges pleurs tombaient de son œil obscurci.

D'où viens-tu, bon cheval? Parle, qui te ramène?
Qu'as-tu fait de ton maître? — Et lui, ployant les reins,
Se coucha, balayant la terre de ses crins,
Dans un hennissement de douleur presque humaine.

Va! suis l'aigle à ses cris, le corbeau croassant,
Reine, me dit Hagen, le Frank au cœur farouche;
Le roi Sigurd t'attend sur sa dernière couche,
Et les loups altérés boivent son rouge sang.

Maudit! maudit le Frank aux paroles mortelles!
Ah! si je vis, à moi la chair du meurtrier...
Mais pour vous, à quoi bon tant gémir et crier?
Vos misères, au prix des miennes, que sont-elles? —

Or, Brunhild brusquement se lève et dit: — Assez!
C'est assez larmoyer, ô bavardes corneilles!
Si je laissais hurler le sanglot de mes veilles,
Que deviendraient les cris que vous avez poussés?

Écoute, Gudruna. Mes paroles sont vraies.
J'aimais le roi Sigurd; ce fut toi qu'il aima.
L'inextinguible haine en mon cœur s'alluma;
Je n'ai pu la noyer au sang de ces dix plaies.

Elle me brûle encore autant qu'au premier jour.
Mais Sigurd eût gémi sur l'épouse égorgée...
Voilà ce que j'ai fait. C'est mieux. Je suis vengée!
Pleure, veille, languis, et blasphème à ton tour! —

La Burgonde saisit sous sa robe une lame,
Écarte avec fureur les trois femmes sans voix,
Et dans son large sein se la plongeant dix fois,
En travers, sur le Frank, tombe roide, et rend l'âme.

Les Elfes.

Couronnés de thym et de marjolaine,
Les Elfes joyeux dansent sur la plaine.

Du sentier des bois aux daims familier,
Sur un noir cheval, sort un chevalier.
Son éperon d'or brille en la nuit brune;
Et, quand il traverse un rayon de lune,
On voit resplendir, d'un reflet changeant,
Sur sa chevelure un casque d'argent.

Couronnés de thym et de marjolaine,
Les Elfes joyeux dansent sur la plaine.

Ils l'entourent tous d'un essaim léger
Qui dans l'air muet semble voltiger.
— Hardi chevalier, par la nuit sereine,
Où vas-tu si tard ? dit la jeune Reine.
De mauvais esprits hantent les forêts ;
Viens danser plutôt sur les gazons frais.

Couronnés de thym et de marjolaine,
Les Elfes joyeux dansent sur la plaine.

— Non ! ma fiancée aux yeux clairs et doux
M'attend, et demain nous serons époux.
Laissez-moi passer, Elfes des prairies,
Qui foulez en rond les mousses fleuries ;
Ne m'attardez pas loin de mon amour,
Car voici déjà les lueurs du jour.

Couronnés de thym et de marjolaine,
Les Elfes joyeux dansent sur la plaine.

— Reste, chevalier. Je te donnerai
L'opale magique et l'anneau doré,
Et, ce qui vaut mieux que gloire et fortune,
Ma robe filée au clair de la lune.
— Non ! dit-il. — Va donc ! — Et de son doigt blanc
Elle touche au cœur le guerrier tremblant.

Couronnés de thym et de marjolaine,
Les Elfes joyeux dansent sur la plaine.

Et sous l'éperon le noir cheval part,
Il court, il bondit et va sans retard;
Mais le chevalier frissonne et se penche;
Il voit sur la route une forme blanche
Qui marche sans bruit et lui tend les bras:
— Elfe, esprit, démon, ne m'arrête pas! —

Couronnés de thym et de marjolaine,
Les Elfes joyeux dansent sur la plaine.

— Ne m'arrête pas, fantôme odieux!
Je vais épouser ma belle aux doux yeux.
— O mon cher époux, la tombe éternelle
Sera notre lit de noce, dit-elle:
Je suis morte! — Et lui, la voyant ainsi,
D'angoisse et d'amour tombe mort aussi.

Couronnés de thym et de marjolaine,
Les Elfes joyeux dansent sur la plaine.

Christine.

Une étoile d'or là-bas illumine
Le bleu de la nuit, derrière les monts ;
La lune blanchit la verte colline :
Pourquoi pleures-tu, petite Christine ?
Il est tard, dormons.

— Mon fiancé dort sous la noire terre,
Dans la froide tombe il rêve de nous.
Laissez-moi pleurer, ma peine est amère ;
Laissez-moi gémir et veiller, ma mère :
Les pleurs me sont doux.

La mère repose, et Christine pleure,
Immobile auprès de l'âtre noirci.
Au long tintement de la douzième heure,
Un doigt léger frappe à l'humble demeure :
— Qui donc vient ici? —

— Tire le verrou, Christine, ouvre vite :
C'est ton jeune ami, c'est ton fiancé.
Un suaire étroit à peine m'abrite ;
J'ai quitté pour toi, ma chère petite,
Mon tombeau glacé. —

Et cœur contre cœur tous deux ils s'unissent.
Chaque baiser dure une éternité :
Les baisers d'amour jamais ne finissent.
Ils causent longtemps; mais les heures glissent,
Le coq a chanté.

Le coq a chanté, voici l'aube claire ;
L'étoile s'éteint, le ciel est d'argent.
— Adieu, mon amour, souviens-toi, ma chère!
Les morts vont rentrer dans la noire terre,
Jusqu'au jugement. —

— O mon fiancé, souffres-tu, dit-elle,
Quand le vent d'hiver gémit dans les bois,
Quand la froide pluie aux tombeaux ruisselle?
Pauvre ami couché dans l'ombre éternelle,
Entends-tu ma voix? —

— Au rire joyeux de ta lèvre rose,
Mieux qu'au soleil d'or le pré rougissant,
Mon cercueil s'emplit de feuilles de rose !
Mais tes pleurs amers, dans ma tombe close
Font pleuvoir du sang.

Ne pleure jamais ! Ici-bas tout cesse,
Mais le vrai bonheur nous attend au ciel.
Si tu m'as aimé, garde ma promesse :
Dieu nous rendra tout, amour et jeunesse,
Au jour éternel. —

— Non ! je t'ai donné ma foi virginale ;
Pour me suivre aussi, ne mourrais-tu pas ?
Non ! je veux dormir ma nuit nuptiale,
Blanche, à tes côtés, sous la lune pâle,
Morte entre tes bras ! —

Lui ne répond rien. Il marche et la guide.
A l'horizon bleu le soleil paraît.
Ils hâtent alors leur course rapide,
Et vont, traversant sur la mousse humide
La longue forêt.

Voici les pins noirs du vieux cimetière.
— Adieu, quitte-moi, reprends ton chemin ;
Mon unique amour, entends ma prière ! —
Mais Elle au tombeau descend la première.
Et lui tend la main.

Et depuis ce jour, sous la croix de cuivre,
Dans la même tombe ils dorment tous deux.
O sommeil divin dont le charme enivre !
Ils aiment toujours. Heureux qui peut vivre
Et mourir comme eux !

Le Jugement de Komor.

La lune sous la nue errait en mornes flammes,
Et la tour de Komor, du Jarle de Kemper,
Droite et ferme, montait dans l'écume des lames.

Sous le fouet redoublé des rafales d'hiver
La tour du vieux Komor dressait sa masse haute,
Telle qu'un cormoran qui regarde la mer.

Un grondement immense enveloppait la côte.
Sur les flots palpitaient, blêmes, de toutes parts,
Les âmes des noyés qui moururent en faute.

Et la grêle tintait contre les noirs remparts,
Et le vent secouait la herse aux lourdes chaînes
Et tordait les grands houx sur les talus épars.

Dans les fourrés craquaient les rameaux morts des chênes,
Tandis que par instants un maigre carnassier
Hurlait lugubrement sur les dunes prochaines.

Or, au feu d'une torche en un flambeau grossier,
Le Jarle, dans sa tour vieille que la mer ronge,
Marchait, les bras croisés sur sa cotte d'acier.

Muet, sourd au fracas qui roule et se prolonge,
Comprimant de ses poings la rage de son cœur,
Le Jarle s'agitait comme en un mauvais songe.

C'était un haut vieillard, sombre et plein de vigueur.
Sur sa joue aux poils gris, lourde, une larme vive
De l'angoisse soufferte accusait la rigueur.

Au fond, contre le mur, tel qu'une ombre pensive,
Un grand Christ. Une cloche auprès. Sur un bloc bas
Une épée au pommeau de fer, nue et massive.

— Ce moine, dit Komor, n'en finira-t-il pas? —
Il ploya, ce disant, les genoux sur la dalle,
Devant le crucifix de chêne, et pria bas.

On entendit sonner le bruit d'une sandale :
Un homme à robe brune écarta lentement
L'épais rideau de cuir qui fermait cette salle.

— Jarle! j'ai fait selon votre commandement,
Après celui de Dieu, dit le moine. À cette heure,
Ne souillez pas vos mains, Jarle! soyez clément. —

— Sire moine, il suffit. Sors. Il faut qu'elle meure
Celle qui, méprisant le saint nœud qui nous joint,
Fit entrer lâchement la honte en ma demeure.

Mais la main d'un vil serf ne la touchera point. —
Et le moine sortit; et Komor, sur la cloche,
Comme d'un lourd marteau, frappa deux fois du poing.

Le tintement sinistre alla, de proche en proche,
Se perdre aux bas arceaux où les ancêtres morts
Dormaient, les bras en croix, sans peur et sans reproche.

Puis tout se tut. Le vent faisait rage au dehors;
Et la mer, soulevant ses lames furibondes,
Ébranlait l'escalier crevassé de ses bords.

Une femme, à pas lents, très-belle, aux tresses blondes,
De blanc vêtue, aux yeux calmes, tristes et doux,
Entra, se détachant des ténèbres profondes.

Elle vit, sans trembler ni fléchir les genoux,
Le crucifix, le bloc, l'épée hors de la gaîne,
Et, muette, se tint devant le vieil époux.

Lui, plus pâle, frémit, plein d'amour et de haine,
L'enveloppa longtemps d'un regard sans merci,
Puis dit d'une voix sourde : — Il faut mourir, Tiphaine. —

— Sire Jarle, que Dieu vous garde! Me voici.
J'ai supplié Jésus, Notre-Dame et sainte Anne;
Désormais je suis prête. Or, n'ayez nul souci.

— Tiphaine, indigne enfant des braves chefs de Vanne,
Opprobre de ta race et honte de Komor,
Conjure le Sauveur, afin qu'il ne te damne;

J'ai souffert très-longtemps : je puis attendre encor. —
Le Jarle recula dans l'angle du mur sombre,
Et Tiphaine pria sous ses longs cheveux d'or.

Et sur le bloc l'épée étincelait dans l'ombre,
Et la torche épandait sa sanglante clarté,
Et la nuit déroulait toujours ses bruits sans nombre.

Tiphaine s'oublia dans un rêve enchanté...
Elle ceignit son front de roses en guirlande,
Comme aux jours de sa joie et de sa pureté.

Elle erra, respirant ton frais arome, ô lande!
Elle revint suspendre, ô Vierge, à ton autel
Le voile aux fleurs d'argent et son âme en offrande.

Et voici qu'elle aima d'un amour immortel !
Saintes heures de foi, d'espérance céleste,
Elle vit dans son cœur se rouvrir votre ciel !

Puis un brusque nuage, une union funeste :
Le grave et vieil époux au lieu du jeune amant...
De l'aurore divine, hélas ! rien qui lui reste !

Le retour de celui qu'elle aimait ardemment,
Les combats, les remords, la passion plus forte,
La chute irréparable et son enivrement...

Jésus ! tout est fini maintenant ; mais qu'importe !
Le sang du fier jeune homme a coulé sous le fer,
Et Komor peut frapper : Tiphaine est déjà morte,

— Femme, te repens-tu ? C'est le ciel ou l'enfer,
De ton sang résigné laveras-tu ton crime ?
Je ne veux pas tuer ton âme avec ta chair. —

— Frappe. Je l'aime encor : ta haine est légitime.
Certes, je l'aimerai dans mon éternité !
Dieu m'ait en sa merci ! Pour toi, prends ta victime. —

—Meurs donc dans ta traîtrise et ton impureté !
Dit Komor, avançant d'un pas grave vers elle ;
Car Dieu va te juger selon son équité. —

Tiphaine souleva de son épaule frêle
Ses beaux cheveux dorés et posa pour mourir
Sur le funèbre bloc sa tête pâle et belle.

On eût pu voir alors flamboyer et courir
Avec un sifflement l'épée à large lame,
Et du col convulsif le sang tiède jaillir.

Tiphaine tomba froide, ayant rendu son âme.
Cela fait, le vieux Jarle, entre ses bras sanglants,
Prit le corps et la tête aux yeux hagards, sans flamme.

Il monta sur la tour, et, dans les flots hurlants
Précipita d'en haut la dépouille livide
De celle qui voulut trahir ses cheveux blancs.

Morne, il la regarda tournoyer par le vide...
Puis la tête et le corps entrèrent à la fois
Dans la nuit furieuse et dans le gouffre avide.

Alors le Jarle fit un long signe de croix;
Et, comme un insensé, poussant un cri sauvage
Que le vent emporta par-delà les grands bois,

Debout sur les créneaux balayés par l'orage,
Les bras tendus au ciel, il sauta dans la mer
Qui ne rejeta point ses os sur le rivage.

Tels finirent Tiphaine et Komor de Kemper.

Le Massacre de Mona.

Or, Mona, du milieu de la mer rude et haute,
Dressait rigidement les granits de sa côte,
Qui, massifs et baignés d'écume et pleins de bruit,
Brisaient l'eau furieuse en gerbes dans la nuit,
Sombres spectres, vêtus de blanc dans ces ténèbres,
Et vomissant les flots par leurs gueules funèbres.

L'Esprit rauque du vent, au faîte noir des rocs,
Tournoyait et soufflait dans ses cornes d'aurochs;
Et c'était un fracas si vaste et si sauvage,
Que la mer s'en taisait tout le long du rivage,
Tant le son formidable, en cette immensité,
Par coups de foudre et par rafales emporté,

De cris et de sanglots, et de voix éperdues,
Comblait le gouffre épais des mornes étendues.
L'Esprit du vent soufflait dans ses clairons de fer,
En aspergeant le ciel des baves de la mer;
Il soufflait, hérissant comme une chevelure
La noire nue éparse autour de l'Ile obscure,
Conviant les Esprits ceints d'algue et de limons,
Et ceux dont le vol gronde à la cime des monts,
Et ceux des cavités, de qui la force sourde
Fait, comme un cœur qui bat, bondir la terre lourde,
Et ceux qui, dans les bois, portent la Serpe d'or,
Ceux de Kambrie et ceux d'Erinn et ceux d'Armor.

L'Esprit de la tempête, avec ses mille bouches,
Les appelant, soufflait dans ses trompes farouches.
Mieux que taureaux beuglants et loups hurlant de faim,
D'une égale vigueur, d'une haleine sans fin
Il soufflait! Et voici qu'à travers les nuées,
Par les eaux de la mer hautement refluées,
Tels que des tourbillons pressés, toujours accrus,
Les Dieux Kymris, du fond de la nuit accourus,
Abordaient l'Ile sainte, immuable sur l'onde,
Mona la vénérée, autel central du monde.

Ainsi les Maîtres, fils de Math, le très-puissant,
Volaient, impétueux essaims, épaississant
L'ombre aveugle, et pareils à ces millions d'ailes
Qu'aux soleils printaniers meuvent les hirondelles.

Les uns tordant leurs bras noueux comme des fouets,
Ceux-ci contre leur sein courbant leurs fronts muets,
Et d'autres exhalant des plaintes étouffées,
Innombrables, les Dieux mâles avec les Fées,
Ils venaient, ils venaient par nuages s'asseoir
Sur les sommets aigus et sur le sable noir;
Et, voyant affluer leurs masses vagabondes,
L'Esprit souffla de joie en ses conques profondes.

Sur le rivage bas, enclos de toutes parts
De rochers lourds, moussus, étagés en remparts,
Où le flot séculaire a creusé de longs porches,
Autour d'un bloc cubique on a planté neuf torches;
Et la lueur sinistre ensanglante l'autel
Et la mer et la sombre immensité du ciel,
Et parfois se répand, au vent qui la déroule,
Comme une rouge écume au travers de la foule.

Les Bardes sont debout dans leurs sayons rayés,
Aux harpes de granit les deux bras appuyés.
A leurs reins pend la Rhote et luit le large glaive.
La touffe de cheveux qu'une écorce relève,
Flotte, signe héroïque, au crâne large et rond,
Avec la plume d'aigle et celle du héron.
Les Ovates, vêtus de noir, et les Evhages
Portant haches de pierre et durs penn-baz sauvages,
Pieds nus, poignets ornés d'anneaux de cuivre roux,
Et le front ombragé d'une tresse de houx,

De leurs bras musculeux pressant leur sein robuste,
Gardent le Chef sacré, le Pur, le Saint, l'Auguste,
Couronné par Gwiddonn du rameau toujours vert,
Celui qui, de sa robe aux longs plis blancs couvert,
Vénérable, aussi fort qu'un vieil arbre, aussi ferme
Qu'une pierre, au milieu du cercle qui l'enferme,
D'un siècle sans ployer porte le lourd fardeau.
Sous d'épais cheveux noirs ruisselant d'un bandeau
De verveine enlacée aux blanches primevères,
Près de lui, le front haut, grande, les yeux sévères,
Voici, dans sa tunique ouverte sur le sein,
La pâle Uheldeda, prophétesse de Sein.
Agrafée à son flanc de vierge, nue, et telle
Qu'un éclair, resplendit la Faucille immortelle;
Elle tient, de son bras nerveux, au beau contour,
Le vase toujours plein de l'onde Azewladour;
Et, derrière leur reine et leur sœur, huit prêtresses,
Dans la brume des nuits laissant flotter leurs tresses,
Portent des pins flambants que le vent fouette en vain,
Autour de l'Arche d'or où gît le Gui divin.

Donc, cette foule étant, avec la multitude
Des Dieux, silencieuse en cette solitude,
Tandis que par l'orage et sur les vastes eaux
Montait le dernier cri des nocturnes oiseaux,
Le Chef sacerdotal versa, selon le rite,
La libation d'eau par Hu-ar-braz prescrite,
En un feu de bois sec et de vert romarin

Dont l'odeur s'épandit sur le sable marin ;
Et d'une voix semblable au murmure des chênes
Il dit : — Monte, fumée, aux étoiles prochaines ! —
Le Très-Sage, debout sur l'autel de granit,
Asperge d'un rameau la foule et la bénit ;
Puis il reprit, montrant la plage solitaire :

— Voici Mona, voici l'enceinte de la terre !
Et, par la nuit sans borne et le ciel haletant,
L'humanité m'écoute et le monde m'entend.
Une voix a parlé dans les temps ; que dit-elle ?
Qu'enseigne à l'homme pur la Parole immortelle ?
Voici ce qu'elle dit : J'étais en germe, clos
Dans le creux réservoir où dormaient les neuf Flots,
Et Dylan me tenait sur ses genoux énormes,
Quand au soleil d'été je naquis des neuf Formes :
De l'argile terrestre et du feu primitif,
Du fruit des fruits, de l'air et des tiges de l'if,
Des joncs du lac tranquille et des fleurs de l'arbuste,
Et de l'ortie aiguë et du chêne robuste.
Le Purificateur m'a brûlé sur l'autel,
Et j'ai connu la mort avant d'être immortel,
Et dans l'aube et la nuit j'ai fait les trois Voyages,
Marqué du triple sceau par le Sage des sages.
Or, serpent tacheté, j'ai rampé sur les monts ;
Crabe, j'ai fait mon nid dans les verts goëmons ;
Pasteur, j'ai vu mes bœufs paître dans les vallées,
Tandis que je lisais aux tentes étoilées ;

J'ai fui vers le couchant; j'ai prié, combattu;
J'ai gravi d'astre en astre et de vice en vertu,
Emportant le fardeau des angoisses utiles;
J'ai vu cent continents, j'ai dormi dans cent îles,
Et voici que je suis plein d'innombrables jours,
Devant grandir sans cesse et m'élever toujours!
Que dit encor la Voix à la race du Chêne?
Voici ce qu'elle dit: La flamme au feu s'enchaîne,
Et l'échelle sans fin, sur son double versant,
Voit tout ce qui gravit et tout ce qui descend
Vers la paix lumineuse ou dans la nuit immense,
Et l'un pouvant déchoir quand l'autre recommence.
Erinn, Kambrie, Armor, Mona, terre des Purs,
Entendez-moi : c'est l'heure, et les siècles sont mûrs! —

D'un sourcil vénérable abritant sa paupière,
Le Très-Sage se tut sur la table de pierre.
Il étendit les bras vers l'orage des cieux,
Puis il resta debout, droit et silencieux;
Et sur le front du cercle immobile, une haleine,
Faible et triste, monta qui murmurait à peine,
Souffle respectueux de la foule. Et voilà
Qu'une vibration soudaine s'exhala,
Et qu'un Barde, ébranlant la harpe qu'il embrasse,
Chanta sous le ciel noir l'histoire de sa race.

— Hu-Gadarn! dont la tempe est ceinte d'un éclair!
Régulateur du ciel, dont l'aile d'or fend l'air!

Et vous, chanteurs anciens, chefs des harpes bardiques
Qu'au pays de l'Été, sur les monts fatidiques,
Les clans qui ne sont plus ont écouté souvent
Livrer votre harmonie au vol joyeux du vent!
Versez-moi votre souffle, ô chanteurs que j'honore,
Et parlez à vos fils par ma bouche sonore,
Car voici que l'Esprit m'emporte au temps lointain
Où la race des Purs vit le premier matin.

O jeunesse du monde, ô beauté de la terre,
Verdeur des monts sacrés, flamme antique des cieux,
Et toi, lac du soleil, où, comme nos aïeux,
L'âme qui se souvient plonge et se désaltère,
Salut! Les siècles morts renaissent sous mes yeux.
Les voici, rayonnants ou sombres, dans la gloire
Ou dans l'orage, pleins de joie ou pleins de bruit.
De ce vivant cortége évoqué de la nuit
Que les premiers sont beaux! Mais que la nue est noire
Sous le déroulement sinistre qui les suit!

Les grandes Eaux luisaient, transparentes et vierges,
Plus haut que l'univers, entre les neuf Sommets;
Avec un noble chant qui ne cessait jamais,
Vives, elles sonnaient contre leurs vastes berges,
Et dans ce lit, Gadarn! toi, tu les comprimais.
La lumière baignait au loin leurs belles lignes
Où des rosiers géants rougissaient dans l'air bleu;
De tout lotus ouvert sortait un jeune Dieu;

Les brises qui gonflaient l'aile blanche des cygnes
Suspendaient à leurs cous l'onde en colliers de feu.

Sous le magique azur aux profondeurs sublimes,
Couché dans son palais de nacre, et les yeux clos,
Le roi Dylan dormait au bercement des flots;
Et ses fils, émergeant du creux des clairs abîmes,
Venaient rire au soleil dans l'herbe des îlots.
Et l'homme était heureux sur la face du monde;
La voix de son bonheur berçait la paix du ciel;
Et, d'un essor égal, dans le cercle éternel,
Les âmes, délaissant la ruche trop féconde,
Aux fleurs de l'infini puisaient un nouveau miel.

Ainsi multipliaient les races fortunées;
Et la terre était bonne, et douce était la mort,
Car ceux qu'elle appelait la goûtaient sans remord.
Mais quand ce premier jour eut compté mille années,
Une main agita l'urne noire du sort,
Le vieux dragon Avank, travaillé par l'envie,
Aux sept têtes, aux sept becs d'aigle, aux dents de fer,
Aux yeux de braise, au souffle aussi froid que l'hiver,
Sortit de son dolmenn et contempla la vie,
Et, furieux, mordit les digues de la mer.

Cent longues nuits durant, la Bête horrible et lâche,
Oubliant le sommeil et désertant son nid,

Rongea les blocs épais, secoua, désunit,
Et fit tant, de la griffe et du bec, sans relâche,
Qu'elle effondra l'immense et solide granit.
L'eau croula du milieu des montagnes trouées
Par nappes et torrents sur le jeune univers
Qui riait et chantait sous les feuillages verts ;
Et l'écume du choc rejaillit en nuées,
Et les cieux éclatants depuis en sont couverts.

Le Lac des lacs noya les vallons et les plaines ;
Il rugit à travers la profondeur des bois
Où les grands animaux tournoyaient aux abois
L'onde effaça la terre, et les races humaines
Virent le ciel ancien pour la dernière fois.
Les astres qui doraient l'étendue éclatante,
Eux-mêmes, palpitant comme des yeux en pleurs,
Regardèrent plus haut vers des mondes meilleurs :
L'ombre se déploya comme une lourde tente
D'où sortit le sanglot des suprêmes douleurs.

Et le Dragon, du haut d'un roc inébranlable,
Tout joyeux de son œuvre et du crime accompli,
Maudit l'univers mort et l'homme enseveli,
Disant : Hors moi, l'Avank, qui suis impérissable,
Les heureux sont couchés dans l'éternel oubli !
Mais voici qu'au-dessus de l'océan sans bornes
Flottait la vaste Nef par qui tout est vivant ;
Rejetant la vapeur de leurs mufles au vent,

Les deux bœufs de Névèz la traînaient de leurs cornes,
Et les flots mugissaient d'aise en la poursuivant.

Or, quand l'Avank les vit qui nageaient vers son faîte,
Consumé de sa haine impuissante, il souffla
Un ouragan de bave et de flamme, et voilà
Que, se crevant les yeux qui voyaient sa défaite,
Dans le gouffre écumant et sanglant il roula.
Et le soleil sécha l'humide solitude
Où de chaudes vapeurs sortaient en tourbillons
Des cadavres de l'homme et des chairs des lions.
Puis, mille ans ; et l'immense et jeune multitude
Envahit de nouveau montagnes et vallons.

Mais la terre était triste, et l'humanité sombre
Se retournait toujours vers les siècles joyeux
Où s'était exhalé l'esprit de ses aïeux ;
Le morne souvenir la couvrit de son ombre
Et la race des Purs désira d'autres cieux.
Une nuit, l'Occident, plein d'appels prophétiques,
S'embrasa tout à coup d'une longue clarté.
Ce fut l'heure ! Et, depuis, nos pères t'ont quitté,
Sol où l'homme a germé, berceau des clans antiques,
Demeure des heureux, ô Pays de l'Été !

Vieillards, bardes, guerriers, enfants, femmes en larmes,
L'innombrable tribu partit, ceignant ses flancs,

Avec tentes et chars et les troupeaux beuglants;
Au passage, entaillant le granit de ses armes,
Rougissant les déserts de mille pieds sanglants,
Elle allait! Au-devant de sa course éperdue
Les peuples refluaient comme des flots humains;
Les montagnes croulaient étreintes par ses mains;
Elle allait! Elle allait à travers l'étendue,
Laissant les os des morts blanchir sur ses chemins.

Une mer apparut, aux hurlements sauvages,
Abîme où nuls sentiers n'avaient été frayés,
Hérissé, s'élançant par bonds multipliés
Comme à l'assaut de l'homme errant sur ses rivages,
Et jetant son écume à des cieux foudroyés.
Et cette mer semblait la gardienne des mondes
Défendus aux vivants, d'où nul n'est revenu;
Mais, l'âme par delà l'horizon morne et nu,
De mille et mille troncs couvrant les noires ondes,
La foule des Kymris vogua vers l'inconnu.

La tempête, sept jours et sept nuits, par l'espace,
Poussa la flotte immense au but mystérieux;
Et Hu-Gadarn volait sur les vents furieux,
Illuminant l'abîme où s'enfonçait sa race
Avec le souvenir, l'espérance et les Dieux!
Et les harpes vibraient dans les clameurs farouches
Qui se ruaient du ciel et montaient des flots sourds;
Et les hymnes sacrés, échos des anciens jours,

Résonnant à la fois sur d'innombrables bouches,
Faisaient taire la foudre en éclatant toujours!

Tels nos aïeux nageaient vers vous, saintes contrées,
Rocs de Kambrie, Armor, où croissent les guerriers
Et les chênes! Erinn, qui, dans tes frais sentiers,
Entrelaces les houx aux bruyères dorées
Et berces l'aigle blanc sur tes verts peupliers!
A travers les marais, les torrents, les bois sombres,
Les aurochs mugissants, les loups, les ours velus,
Et chassant devant eux des peuples chevelus,
Ils s'assirent enfin sous vos divines ombres,
O forêts du repos qu'ils ne quittèrent plus!

Et la race des Purs, forte, puissante et sage,
Chère aux Dieux, fils de Math, par qui tout a germé,
Coula comme un grand fleuve, en son lit embaumé,
Qui répand la fraîcheur et la vie au passage,
Et tout droit dans la mer tombe, large et calmé.
O jours heureux! O temps sacrés et pacifiques!
Voix mâles qui chantiez sous les chênes mouvants,
Beaux hymnes de la mer, doux murmures des vents!
Salut! soleils féconds des siècles magnifiques,
Salut! cieux où les morts conviaient les vivants! —

Et le Barde se tut. Et sur la hauteur noire
L'Esprit du vent poussa comme un cri de victoire,

Et la foule agitant les haches, les penn-baz
Et les glaives, ainsi qu'à l'heure des combats,
Ivre du souvenir et toute hérissée,
Salua les splendeurs de sa gloire passée.
Et les Dieux se levaient, tordant au fond des cieux
Leurs bras géants, avec des flammes dans les yeux,
Et, tels qu'une forêt aux immenses feuillages,
De leurs cheveux épars balayant les nuages.
La foudre, d'un soleil sanglant, illumina
L'horizon et la mer, et la sainte Mona
Qui bondit hors des flots, flamboyante et frappée
Et d'un rugissement terrible enveloppée,
Tandis que le rideau de la nuit se fendait
Du haut en bas sous l'ongle en feu qui le mordait,
Laissant pendre, enlacés de palpitantes flammes,
Des lambeaux convulsifs sur la crête des lames.
Puis, dans l'obscurité tout rentra brusquement;
La mer, fumante encor, reprit son hurlement
Monotone, le long des rochers et des sables,
Et tous les fils de Math se rassirent, semblables
A ces amas de blocs athlétiques et lourds,
Immobiles depuis l'origine des jours,
Qui regardent, penchés sur les abîmes vagues,
A l'assaut des grands caps monter les hautes vagues.
Alors, Uheldéda, roidissant ses bras blancs,
Éleva vers le ciel ses yeux étincelants,
Et la foule écouta la Vierge vénérée
Qui tranche le Gui vert sur l'écorce sacrée,

Et qui, du haut des rocs battus du flot amer,
Évoque autour de Sein les Démons de la mer.
Uheldéda leur dit au milieu du silence :

— Hommes du Chêne, aînés d'une famille immense,
Derniers rameaux poussés sur un tronc ébranlé,
Dormiez-vous dans les bois quand l'Esprit m'a parlé?
Voguiez-vous, ô marins! sur la stérile écume,
Quand la voix de Gwiddonn m'a versé l'amertume?
O Bardes! chantiez-vous l'histoire des aïeux
Et le déroulement des siècles glorieux,
Quand, assise au sommet de mon île sauvage,
J'ai vu du roi Murdoc'h la gigantesque image
Qui montait de la mer, et qui, la hache en main,
Fauchait un chêne d'où coulait le sang humain?
Oui, tandis que, tombant par ruisseaux dans l'abîme,
La sève jaillissait, rouge, du tronc sublime,
Et que le traître, avec de furieux efforts,
Détachait coup sur coup les rameaux déjà morts,
Gwiddonn m'a dit, du fond de la nue éternelle :
— Pour le sixième soir de la lune nouvelle!
Debout, Uheldéda! Les temps sont révolus,
Vierge, et le monde impur ne nous reverra plus,
Après que dans Mona, vénérable aux Dieux mêmes,
Auront monté les cris de mort et les blasphèmes! —
O roi d'Armor, Gwiddonn, qui me parlais ainsi,
Esprit du chêne, ami des justes, nous voici!

Viennent l'heure fatale et Murdoc'h et le glaive!
Si le Dieu triomphant des jours nouveaux se lève,
Si l'onde Azewladour est près de se tarir,
Si le fer va trancher les bois, s'il faut mourir,
Nous voici, nous voici, vierges, prêtres et bardes,
Résignés au destin sacré que tu nous gardes,
Et plus fiers de tomber sans tache devant toi
Que de survivre au jour de ta ruine, ô Roi!
Salut, vous tous, ô fils de Math, Vertus antiques
Du monde, qui hantiez les forêts prophétiques,
Les îles de la mer et les âpres sommets!
Vivants ou morts, les Purs sont à vous pour jamais!
Vivants ou morts, nos yeux vous reverront, ô Maîtres!
Car qui rompra la chaîne éternelle des êtres?
Qui tranchera les nœuds du Serpent étoilé?
Qui tarira l'abîme où la vie a coulé,
Quand le Générateur aux semences fécondes,
Math, fit tourbillonner la poussière des mondes,
Et, réchauffant le germe où dort l'humanité,
Dit : Monte dans le temps et dans l'illimité!
Non! rien ne brisera l'enchaînement des choses,
Toujours, de cieux en cieux, dans la lumière écloses,
Les demeures de l'âme immortelle luiront;
Et nuls Dieux ennemis ne les disperseront.
Chantez, Bardes! voici l'outrage et l'agonie.
Chantez! La mort contient l'espérance infinie.
Voici la route ouverte, et voici les degrés
Par où nous monterons vers nos destins sacrés! —

Tandis qu'Uheldéda, levant sa pâle tête,
Tendait les bras au ciel où roulait la tempête,
L'Esprit du vent, d'un coup de son aile, brisant
Des nocturnes vapeurs le couvercle pesant,
Fit éclater le gouffre immortel, mer de flammes
D'où jaillissent sans cesse, où retournent les âmes,
Où l'amoncellement des univers se joint
A l'amas des soleils, qui ne commence point,
Qui ne finit jamais, où tout poursuit sa voie,
Où tout éclôt, bouillonne et grandit et tournoie,
S'efface, disparaît, revient et roule encor
Dans les sphères d'azur et les ellipses d'or.

Et la lourde nuée en montagnes de brume
Croula vers l'Occident qu'un morne éclair allume;
La mer, lasse d'efforts, comme pour s'assoupir,
Changea sa clameur rude en un vaste soupir,
Et, réprimant l'assaut de ses houles plus lentes,
Tomba sans force au pied des roches ruisselantes.
L'horizon, dégagé de son épais fardeau,
S'élargit, reculant les longues lignes d'eau;
L'Ile sainte monta, tranquille, hors des ombres;
Le croissant de la lune argenta ses pics sombres;
Et l'innombrable essaim des Dieux s'évanouit
Dans le rayonnement splendide de la nuit.

Au revers reluisant des avirons de frêne
L'écume se suspend en frange, et la carène
Coupe l'eau qui frémit tout le long de la nef.
Là, cinquante guerriers sont debout près du chef.
L'ardent désir du meurtre élargit leurs narines
Et gonfle les réseaux d'acier sur leurs poitrines.
Le carquois de cuir brut au dos et l'arc en main,
Portant au ceinturon le court glaive romain,
Tous, quand la nef gravit la houle encore haute,
Regardent les lueurs qui flambent à la côte.
Sur la proue, au long col de dragon rouge et noir,
Murdoc'h le Kambrien se dresse pour mieux voir.
Appuyé des deux mains sur la massive épée,
L'épaule des longs plis d'un manteau blanc drapée,
Un étroit cercle d'or sur ses épais cheveux
Et de lourds bracelets à ses poignets nerveux,
Murdoc'h, fléau des fils de Math, traître à sa race,
Dans les bois, sur la mer, la poursuit à la trace,
Et prêche par le fer, en son aveuglement,
La loi du jeune Dieu qui fut doux et clément.
Car le sombre Barbare aux haines violentes
Dans l'Eau vive n'a point lavé ses mains sanglantes;
Son cœur n'a point changé sous la robe de lin,
Mais il n'en bat que plus ardemment, toujours plein
Des mêmes passions qui le brûlaient naguère,
Quand, aux rocs de Kambrie ou sur sa nef de guerre,
Il s'enivrait du cri des glaives, des sanglots
De mort, des hurlements de l'orage et des flots.

Maintenant, l'insensé, dans sa fureur austère,
Croit venger la Victime auguste et volontaire
Qui, jusques au tombeau, priant et bénissant,
Ne versa que ses pleurs et que son propre sang.
Or la sinistre nef court au sommet des lames
Vers la plage fatale où luisent les neuf flammes.
Le vent et l'aviron, d'un unanime effort,
La poussent sur le sable amoncelé du bord;
Elle échoue, et voici qu'aux lueurs de la lune,
Le chef et les guerriers s'en vont de dune en dune.

Les harpes s'emplissaient d'un souffle harmonieux;
Le chœur mâle des voix s'épandait sous les cieux
Avec les mille échos du murmure nocturne;
Et la Vierge, inclinant l'orifice de l'urne,
Baignait dans l'arche d'or le Gui qu'elle a tranché
Sur l'arbre vénérable où Gwiddonn est caché;
Quand, au faîte moussu d'une roche prochaine,
Murdoc'h parut, debout, dans son manteau de laine.
Et le Persécuteur, un instant, regarda
Cette foule immobile autour d'Uheldéda
Et de ce grand vieillard aux longs cheveux de neige
Assis sur le granit comme un roi sur son siége.
Mais, à ces chants sacrés, à cet auguste aspect,
Son cœur ne ressentit ni trouble, ni respect,
Et, dans un rire amer, plein d'insulte et d'outrage,
Il poussa dans la nuit ce blasphème sauvage:

— Silence, adorateurs du Diable! Par le sang
De Jésus, le vrai fils du Père tout-puissant,
Qu'on se taise! Ou, sinon, Païens maudits, sur l'heure
Vous grincerez des dents dans l'ombre extérieure!
Je vous le dis, Enfants entêtés de l'Enfer,
Les oiseaux carnassiers mangeront votre chair;
Le Mauvais brûlera vos âmes dans son gouffre,
Sur des lits ruisselants de résine et de soufre;
Vous vous tordrez, rongés d'un feu toujours accru,
Aux rires des Démons en qui vous aurez cru,
Si vous ne renoncez à votre erreur immonde,
Si vous ne confessez le Rédempteur du monde! —

C'est ainsi que parla, sur le faîte du roc,
Le Kambrien, vengeur du Christ, le roi Murdoc'h.
Et tous firent silence à cette voix soudaine,
Inexorable cri de fureur et de haine,
Profanant la nuit sainte et les rites des Dieux.
Et le Très-Sage, alors, dit, sans lever les yeux:

— Pourquoi les Purs sont-ils muets avant le terme?
Un songe a-t-il troublé leur cœur jadis si ferme,
Que leur harpe et leur chant se taisent tout à coup,
Et qu'ils tremblent de peur au hurlement d'un loup?
Comme un voleur de nuit, lâche et souillé de fange,
Si l'animal féroce a faim et soif, qu'il mange!
Car la pâture est prête, et boive en liberté;
Mais qu'importe aux enfants de l'immortalité,

Quand le ciel resplendit et s'ouvre? Que mes frères
Déroulent le flot lent des hymnes funéraires,
Et sans prêter l'oreille aux vains bruits d'un moment,
Qu'ils songent à renaître impérissablement! —

D'une voix calme, ayant dit cela, le Très-Sage
D'un pan de son manteau se couvrit le visage;
Et ceux qui saisissaient d'une robuste main
Les haches de granit et les glaives d'airain
S'inclinèrent autour du Vieillard prophétique
Par qui parlent les Dieux de la patrie antique,
Soumis à son génie, et certains qu'à l'instant
Où vient la mort, l'esprit monte au ciel éclatant.

— Hommes du Chêne, dit Uheldéda, la veille
Des neuf Nuits un cri sourd a souillé notre oreille;
Mais ce n'est point un loup qui hurle, ce n'est rien,
Par les Dieux, fils de Math, que l'aboîment d'un chien! —

— Meurs donc! cria Murdorc'h, meurs, selon ton envie.
Mourez tous, ô Païens que le Démon convie,
Vous qui du Seigneur Christ êtes les meurtriers,
Car la vengeance a faim et soif! A moi, guerriers! —

Et les flèches de cuivre à pointe dentelée
Sifflèrent brusquement à travers l'assemblée,
Et les harpes vibraient, sonores, et les voix
Tranquilles vers le ciel résonnaient à la fois;

Et tous, indifférents aux atteintes mortelles,
Ne cessaient qu'à l'instant où l'âme ouvrait ses ailes.
Les arcs tintaient, les traits s'enfonçaient dans les flancs,
Sans trêve, hérissant les dos, les seins sanglants,
Déchirant, furieux, la gorge des prêtresses
Dont la torche fumante incendiait les tresses.
Et tout fut dit. Quand l'aube en son berceau d'azur,
Dora les flots joyeux d'un regard frais et pur,
L'Ile sainte baignait dans une vapeur douce
Ses hauts rochers vêtus de lichen et de mousse,
Et, mêlant son cri rauque au doux bruit de la mer,
Un long vol de corbeaux tourbillonnait dans l'air.

La Vérandah.

Au tintement de l'eau dans les porphyres roux
Les rosiers de l'Iran mêlent leurs frais murmures,
Et les ramiers rêveurs leurs roucoulements doux.
Tandis que l'oiseau grêle et le frelon jaloux,
Sifflant et bourdonnant, mordent les figues mûres,
Les rosiers de l'Iran mêlent leurs frais murmures
Au tintement de l'eau dans les porphyres roux.

Sous les treillis d'argent de la vérandah close,
Dans l'air tiède embaumé de l'odeur des jasmins,
Où la splendeur du jour darde une flèche rose,
La Persane royale, immobile, repose,
Derrière son col brun croisant ses belles mains,
Dans l'air tiède, embaumé de l'odeur des jasmins,
Sous les treillis d'argent de la vérandah close.

Jusqu'aux lèvres que l'ambre arrondi baise encor,
Du cristal d'où s'échappe une vapeur subtile
Qui monte en tourbillons légers et prend l'essor,
Sur les coussins de soie écarlate, aux fleurs d'or,
La branche du hûka rôde comme un reptile
Du cristal d'où s'échappe une vapeur subtile
Jusqu'aux lèvres que l'ambre arrondi baise encor.

Deux rayons noirs, chargés d'une muette ivresse,
Sortent de ses longs yeux entr'ouverts à demi;
Un songe l'enveloppe, un souffle la caresse;
Et parce que l'effluve invincible l'oppresse,
Parce que son beau sein qui se gonfle a frémi,
Sortent de ses longs yeux entr'ouverts à demi
Deux rayons noirs, chargés d'une muette ivresse.

Et l'eau vive s'endort dans les porphyres roux,
Les rosiers de l'Iran ont cessé leurs murmures,
Et les ramiers rêveurs leurs roucoulements doux.
Tout se tait. L'oiseau grêle et le frelon jaloux
Ne se querellent plus autour des figues mûres.
Les rosiers de l'Iran ont cessé leurs murmures,
Et l'eau vive s'endort dans les porphyres roux.

Nurmahal.

A l'ombre des rosiers de sa fraîche terrasse,
Sous l'ample mousseline aux filigranes d'or,
Djihan-Guir, fils d'Akbar, et le chef de sa race,
Est assis sur la tour qui regarde Lahor.

Deux Umrahs sont debout et muets, en arrière.
Chacun d'eux, immobile en ses flottants habits,
L'œil fixe et le front haut, tient d'une main guerrière
Le sabre d'acier mat au pommeau de rubis.

Djihan-Guir est assis, rêveur et les yeux graves.
Le soleil le revêt d'éclatantes couleurs ;
Et le souffle du soir, chargé d'odeurs suaves,
Soulève jusqu'à lui l'âme errante des fleurs.

Il caresse sa barbe et contemple en silence
Le sol des Aryas conquis par ses aïeux,
Sa ville impériale, et l'horizon immense,
Et le profil des monts sur la pourpre des cieux.

La terre merveilleuse où germe l'émeraude
Et qui s'épanouit sous un dais de saphir,
Dans sa sérénité resplendissante et chaude,
Pour saluer son maître exhale un long soupir.

Un tourbillon léger de cavaliers Mahrattes
Roule sous les figuiers rougis par les fruits mûrs;
Des éléphants, vêtus de housses écarlates,
Viennent de boire au fleuve, et rentrent dans les murs.

Aux carrefours où l'œil de Djihan-Guîr s'égare,
Passe, auprès des Çudrâs au haillon indigent,
Le Brahmane traîné par les bœufs de Nagarè,
Dont le poil est de neige et la corne d'argent.

En leurs chariots bas viennent les courtisanes,
Les cils teints de çurma, la main sous le menton;
Et les fakirs, chantant les légendes persanes
Sur la citrouille sèche aux trois fils de laiton.

Là, les riches Babous, assis sur les varangues,
Fument les hûkas pleins d'épices et d'odeurs,
Où mangent le raisin, la pistache et les mangues,
Tandis que les Çaïs veillent les chiens rôdeurs.

Et de noirs cavaliers aux blanches draperies
Escortent au travers de la foule, à pas lents,
Sous le cône du dais brodé de pierreries,
Le palankin doré des Radjahs indolents.

Bercé des mille bruits que la nuit proche apaise,
De son peuple innombrable et du monde oublieux,
Djihan-Guîr reste morne, et sa gloire lui pèse ;
Une larme furtive erre au bord de ses yeux.

Des djungles du Pendj-Ab aux sables du Karnate,
Il a pris dans son ombre un empire soumis
Et gravé le Koran sur le marbre et l'agate ;
Mais son âme est en proie aux songes ennemis.

Il n'aime plus l'éclair de la lance et du sabre,
Ni, d'une ardente écume inondant l'or du frein,
Sa cavale à l'œil bleu qui hennit et se cabre
Au cliquetis vibrant des cimbales d'airain ;

Il n'aime plus le rire harmonieux des femmes ;
La perle de Lanka charge son front lassé ;
Que le soleil éteigne ou rallume ses flammes,
Le Roi du monde est triste, un désir l'a blessé.

Une vision luit dans son cœur, et le brûle ;
Mais du mal qu'il endure il ne craint que l'oubli :
Tous les biens qu'à ses pieds le destin accumule
Ne valent plus pour lui ce songe inaccompli.

Les constellations éclatent aux nuées ;
Le fleuve, entre ses bords que hérissent les joncs,
Réfléchit dans ses eaux lentement remuées
La pagode aux toits lourds et les minarets longs.

Mais voici que, du sein des massifs pleins d'arome
Et de l'ombre où déjà le regard plonge en vain,
Une voix de cristal monte de dôme en dôme
Comme un chant des hûris du Chamelier divin.

Jeune, éclatante et pure, elle emplit l'air nocturne,
Elle coule à flots d'or, retombe et s'amollit,
Comme l'eau des bassins qui, jaillissant de l'urne,
Grandit, plane, et s'égrène en perles dans son lit.

Et Djihan-Guîr écoute. Un charme l'enveloppe.
Son cœur tressaille et bat et son œil sombre a lui :
Le tigre népâlais qui flaire l'antilope
Sent de même un frisson d'aise courir en lui.

Jamais, sous les berceaux que le jasmin parfume,
Aux roucoulements doux et lents des verts ramiers,
Quand le hûka royal en petillant s'allume
Et suspend sa vapeur aux branches des palmiers ;

Quand l'essaim tournoyant des Lall-Bibi s'enlace
Comme un souple python aux anneaux constellés ;
Quand la plus belle enfin, voluptueuse et lasse,
Vient tomber à ses pieds, pâle et les yeux troublés ;

Jamais, au bercement des chants et des caresses,
Baigné d'ardents parfums, d'amour et de langueur,
Djihan-Guir n'a senti de plus riches ivresses
Telles qu'un flot de pourpre inonder tout son cœur.

Qui chante ainsi ? La nuit a calmé les feuillages,
La tourterelle dort en son nid de çantal,
Et la Péri rayonne aux franges des nuages...
Cette voix est la tienne, ô blanche Nurmahal !

Les grands tamariniers t'abritent de leurs ombres;
Et, couchée à demi sur tes soyeux coussins,
Libre dans ces beaux lieux solitaires et sombres,
Tu troubles d'un pied nu l'eau vive des bassins.

D'une main accoudée, heureuse en ta mollesse,
De l'haleine du soir tu fais ton éventail;
La lune glisse au bord des feuilles et caresse
D'un féerique baiser ta bouche de corail.

Tu chantes Leïlâh, la vierge aux belles joues,
Celle dont l'œil de jais blessa le cœur d'un roi;
Mais tandis qu'en chantant tu rêves et te joues,
Un autre cœur s'enflamme et se penche vers toi.

O Persane, pourquoi t'égarer sous les arbres
Et répandre ces sons voluptueux et doux?
Pourquoi courber ton front sur la fraîcheur des marbres?
Nurmahal, Nurmahal, où donc est ton époux?

Ali-Khân est parti, la guerre le réclame;
Son trésor le plus cher en ces lieux est resté;
Mais le nom du Prophète, incrusté sur sa lame,
Garantit son retour et ta fidélité.

Car jusques au tombeau tu lui seras fidèle,
Femme! tu l'as juré dans vos adieux derniers;
Et, pour aiguillonner l'heure qui n'a plus d'aile,
Tu chantes Leïlâh sous les tamariniers.

Tais-toi. L'âpre parfum des amoureuses fièvres
Se mêle avec ton souffle à l'air tiède du soir.
C'est un signal de mort qui tombe de tes lèvres...
Djihan-Guir pour l'entendre est venu là s'asseoir.

Au fond du harem frais, au mol éclat des lampes,
Laisse plutôt la gaze en ses plis caressants
Enclore tes cheveux dénoués sur tes tempes,
Ouvre plutôt ton cœur aux songes innocents.

Un implacable amour plane d'en haut et gronde
Autour de toi, dans l'air fatal où tu te plais;
Ne sois pas Nurdjéham, la lumière du monde!
Sois toujours Nurmahal, l'étoile du palais!

Mais va! ta destinée au ciel même est écrite.
Les jours se sont enfuis. Sous les arbres épais
Tu ne chanteras plus ta chanson favorite;
Djihan-Guir sur sa tour ne reviendra jamais.

Maintenant les saphirs et les diamants roses
S'ouvrent en fleurs de flamme autour de ta beauté
Et constellent la soie et l'or où tu reposes
Sous le dôme royal de ton palais d'été.

Deux rançons de radjah pendent à tes oreilles ;
Golkund et Viçapur ruissellent de ton col ;
Tu siéges, ô Persane, au milieu des merveilles,
Auprès du fils d'Akbar, sur le trône mongol.

Et la maison d'Ali désormais est déserte.
Les jets d'eau se sont tus dans les marbres taris.
Plus de gais serviteurs sous la varangue ouverte,
Plus de paons familiers sous les berceaux flétris !

Tout est vide et muet. La ronce et l'herbe épaisses
Hérissent les jardins où le reptile dort ;
Mais Nurmahal n'a point parjuré ses promesses ;
Nurmahal peut régner, puisque Ali-Khân est mort !

A travers le ciel pur des nuits silencieuses,
Sur les ailes du rêve il revenait vainqueur,
Et ton nom s'échappait de ses lèvres joyeuses,
Quand le fer de la haine est entré dans son cœur.

Gloire à qui, comme toi, plus forte que l'épreuve,
Et jusqu'au bout fidèle à son époux vivant,
Par un coup de poignard à la fois reine et veuve,
Dédaigne de trahir et tue auparavant !

Le Désert.

QUAND le Bédouin qui va de l'Horeb en Syrie
Lie au tronc du dattier sa cavale amaigrie,
Et, sous l'ombre poudreuse où sèche le fruit mort,
Dans son rude manteau s'enveloppe et s'endort,
Revoit-il, faisant trêve aux ardentes fatigues,
La lointaine oasis où rougissent les figues,
Et l'étroite vallée où campe sa tribu,
Et la source courante où ses lèvres ont bu,
Et les brebis bêlant, et les bœufs à leurs crèches,
Et les femmes causant près des citernes fraîches,
Ou, sur le sable, en rond, les chameliers assis,
Aux lueurs de la lune écoutant les récits?
Non, par delà le cours des heures éphémères,
Son âme est en voyage au pays des chimères;

Il rêve qu'Alborak, le cheval glorieux,
L'emporte en hennissant dans la hauteur des cieux ;
Il tressaille, et croit voir, par les nuits enflammées,
Les filles de Djennet à ses côtés pâmées.
De leurs cheveux plus noirs que la nuit de l'enfer
Monte un âcre parfum qui lui brûle la chair ;
Il crie, il veut saisir, presser sur sa poitrine,
Entre ses bras tendus, sa vision divine ;
Mais sur la dune au loin le chacal a hurlé,
Sa cavale piétine, et son rêve est troublé.
Plus de Djennet, partout la flamme et le silence,
Et le grand ciel cuivré sur l'étendue immense.

Djihan-Arâ.

QUAND tu vins parfumer la tige impériale,
Djihan-Arâ! le ciel était splendide et pur;
L'astre du grand Akbar en couronnait l'azur;
Et couchée au berceau sur la pourpre natale,
Rose, tu fleurissais dans le sang de Tymur.

L'aurore où tu naquis fut une aube de fête;
Son rose éclair baigna d'abord tes faibles yeux.
Ton oreille entendit flotter un bruit joyeux
De voix et de baisers, et, de la base au faîte,
Tressaillir la demeure auguste des aïeux.

De ses jardins royaux, Delhi, la cité neuve,
Effeuilla devant toi l'arome le plus frais;
Les peuples, attentifs à l'heure où tu naîtrais,
Saluèrent ton nom sur les bords du saint fleuve,
Et l'écho le redit à l'oiseau des forêts.

Jeune âme, tu reçus le tribut de cent villes.
La mosquée octogone alluma, jours et soirs,
Ses tours de marbre roux, comme des encensoirs;
Mais ton rire enfantin luit sur les fronts serviles
Mieux que les minarets sur les carrefours noirs.

Afin qu'on te bénît par des vœux unanimes,
Pour que le pervers même adorât le moment
Où ton âme brilla dans ton regard charmant,
Le sabre s'émoussa sur le cou des victimes,
Et ton premier soupir fut un signal clément.

Tu grandis, de respect, d'amour environnée,
Sous les dômes mongols de ta grâce embellis,
Calme comme un flot clair, vierge comme les lys,
Plus digne de mourir au monde, à peine née,
Que l'homme de baiser ta robe aux chastes plis.

L'empire était heureux aux jours de ta jeunesse:
La fortune suivait, dans la fuite du temps,
Le maître pacifique et les peuples contents;
Mais quels cieux ont tenu jusqu'au bout leur promesse?
Quel splendide matin eut d'éternels instants?

A l'horizon des flots où tout chante, où tout brille,
Croît un sombre nuage, avec la foudre au flanc;
Telle, germe mortel d'un règne chancelant,
L'ambition couvait dans ta propre famille,
La haine au cœur, muette, et l'œil étincelant.

Le vieux Djihan t'aimait, ô perle de sa race!
Il se réjouissait de ta douce beauté;
Toi seule souriais dans son cœur attristé,
Quand il voyait de loin méditer, tête basse,
Le pâle Aurang-Ceyb, cet enfant redouté.

— Parle! te disait-il, ô ma fleur, ô ma joie!
Veux-tu d'autres jardins? veux-tu d'autres palais?
De plus riches colliers, de plus beaux bracelets,
Ou le trône des Paons qui dans l'ombre flamboie?
Fille de mon amour, tous tes rêves, dis-les.

As-tu vu, soulevant ta fraîche persienne,
Un jeune et fier radjah d'Aoud ou du Népal,
A travers la Djemma poussant son noir cheval,
Forcer sous les manguiers quelque cerf hors d'haleine?
L'amour est-il entré dans ton cœur virginal?

Parle! Il est ton époux, si telle est ton envie.
Mohhammed! Mes trois fils, la main sur leur poignard,
Tremblent, si je ne meurs, de commander trop tard;
Mais toi qui m'es restée, ô charme de ma vie,
C'est toi que bénira mon suprême regard! —

Vierge, tu caressais alors, silencieuse,
Le front du vieux Djihan qui se courbait plus bas;
De tes secrets désirs tu ne lui parlais pas,
Mais ressentant au cœur ton étreinte pieuse,
Ton père consolé souriait dans tes bras.

Ce n'était point l'amour que poursuivaient tes songes,
Djihan-Arâ! Tes yeux en ignoraient les pleurs.
Jamais tu n'avais dit : — Il est des jours meilleurs; —
Tu ne pressentais point la vie et ses mensonges :
Ton âme ouvrait son aile et s'envolait ailleurs.

Sous les massifs touffus, déjà pensive et lente,
Loin des bruits importuns tu te perdais parfois,
Quand le soleil, au faîte illuminé des bois,
Laisse traîner un pan de sa robe sanglante,
Et des monts de Lahor enflamme les parois.

La tête de rubis, d'or et de perles ceinte,
Tu courbais ton beau front de ce vain poids lassé;
Tu rêvais, sur le pauvre et sur le délaissé,
D'épancher la bonté par qui l'aumône est sainte,
Et de prendre le mal dont le monde est blessé.

C'est pourquoi le destin gardait à ta mémoire
Ce magnanime honneur de perdre sans retour
Palais, trésors, beauté, ta jeunesse en un jour,
Et d'emporter, ô vierge, avec ta chaste gloire,
Ton père malheureux, au ciel de ton amour!

Dans le Tadjé-Mahal pavé de pierreries,
Aux dômes incrustés d'éblouissantes fleurs
Qui mêlent le reflet de leurs mille couleurs
Aux ondulations des blanches draperies,
Sous le dais d'or qui flambe et ruisselle en lueurs,

Aurang-Ceyb, vêtu de sa robe grossière,
Est assis à la place où son père a siégé;
Et Djihan, par ce fils implacable outragé,
Gémit, ses cheveux blancs épars dans la poussière,
De vieillesse, d'opprobre et d'angoisse chargé.

Pour atteindre plus tôt à ce faîte sublime,
Aurang a tout fauché derrière et devant lui.
Ses deux frères sont morts; il est seul aujourd'hui;
Il règne, il a lavé ses mains chaudes du crime:
Voici que l'œuvre est bonne et que son jour a lui.

L'empire a reconnu le maître qui se lève,
Et balayé le sol d'un front blême d'effroi:
C'est le sabre d'Allah, le flambeau de la foi!
Il est né le dernier, mais l'ange armé du glaive
Le marqua de son signe, et dit: — Tu seras roi! —

Sa sœur est là, debout. Ses yeux n'ont point de larmes;
On voit frémir son corps et haleter son sein;
Mais, loin de redouter un sinistre dessein,
Fière, et de sa vertu faisant toutes ses armes,
Elle écoute parler l'ascétique assassin:

— Vois! je suis Alam-Guîr, le conquérant du monde;
J'ai vaincu, j'ai puni. J'ai trié dans mon van
La paille du bon grain qu'a semé Tymur-Khan,
Et de mon champ royal brûlé l'ivraie immonde... —
— Qu'as-tu fait de ton père, Aurang, fils de Djihan?

Qu'as-tu fait de celui par qui tu vis et règnes,
De ce vieillard deux fois auguste que tu hais?
As-tu souillé ta main parricide à jamais?
Est-ce de l'âme aussi, meurtrier, que tu saignes?
Sois maudit par ce sang de tous ceux que j'aimais! —

Il sourit, admirant sa grâce et sa colère :
— Djihan-Arâ! c'était la volonté de Dieu
Que mon front fût scellé sous ce bandeau de feu.
Viens, je te couvrirai d'une ombre tutélaire,
Et quel qu'il soit, enfant, j'exaucerai ton vœu.

Mes mains ont respecté mon père vénérable.
Ne crains plus. Il vivra, captif mais honoré,
Méditant dans son cœur d'un vain songe épuré
Combien la gloire humaine est prompte et périssable.
Que veux-tu d'Alam-Guir? J'ai dit et je tiendrai. —

— Aurang! charge mes bras d'une part de sa chaîne;
C'est là mon plus cher vœu, mon rêve le plus beau!
Pour que le vieux Djihan pardonne à son bourreau,
Pour que j'abjure aussi l'amertume et la haine,
Enferme-nous, vivants, en un même tombeau. —

Alam-Guir inclina, pensif, sa tête grave;
Une larme hésita dans son œil morne et froid :
— Va! dit-il, le chemin des forts est le plus droit.
Je te savais le cœur d'une vierge et d'un brave;
J'attendais ta demande et j'y veux faire droit. —

Or tu vécus dix ans auprès du vieillard sombre,
Djihan-Arâ ! charmant sa tristesse et son mal ;
Et quand il se coucha dans son caveau royal,
Ton beau corps se flétrit et devint comme une ombre,
Et l'âme s'envola dans un cri filial.

Ainsi tu disparus, étoile solitaire,
De ce ciel vaste où rien d'aussi pur n'a brillé ;
Ton nom même, ton nom si doux fut oublié ;
Et Dieu seul se souvint, quand tu quittas la terre,
De l'ange qu'en ce monde il avait envoyé.

La Fille de l'Émyr.

Un beau soir revêt de chaudes couleurs
Les massifs touffus pleins d'oiseaux siffleurs
Qui, las de chansons, de jeux, de querelles,
Le col sous la plume, et près de dormir,
Ecoutent encor doucement frémir
L'onde aux gerbes grêles.

D'un ciel attiédi le souffle léger
Dans le sycomore et dans l'oranger
Verse en se jouant ses vagues murmures ;
Et sur le velours des gazons épais
L'ombre diaphane et la molle paix
Tombent des ramures.

C'est l'heure où s'en vient la vierge Ayscha
Que le vieil Émyr, tout le jour, cacha
Sous la persienne et les fines toiles,
Montrer, seule et libre, aux jalouses nuits,
Ses yeux charmants, purs de pleurs et d'ennuis,
Tels que deux étoiles.

Son père qui l'aime, Abd-El-Nur-Eddin,
Lui permet d'errer dans ce frais jardin,
Quand le jour qui brûle au couchant décline
Et, laissant Cordoue aux dômes d'argent,
Dore, à l'horizon, d'un reflet changeant,
La haute colline.

Allant et venant, du myrte au jasmin,
Elle se promène et songe en chemin.
Blanc, rose, à demi hors de la babouche,
Dans l'herbe et les fleurs brille son pied nu;
Un air d'innocence, un rire ingénu
Flotte sur sa bouche.

Le long des rosiers elle marche ainsi.
La nuit est venue, et, soudain, voici
Qu'une voix sonore et tendre la nomme.
Surprise, Ayscha découvre en tremblant
Derrière elle, calme et vêtu de blanc,
Un pâle jeune homme.

Il est noble et grand comme Gabriel
Qui mena jadis au septième ciel
L'envoyé d'Allah, le très-saint Prophète.
De ses cheveux blonds le rayonnement
L'enveloppe et fait luire chastement
Sa beauté parfaite.

Ayscha le voit, l'admire et lui dit :
— Jeune homme, salut ! Ton front resplendit
Et tes yeux sont pleins de lueurs étranges.
Parle, tous tes noms, quels sont-ils ? Dis-les.
N'es-tu point khalyfe ? As-tu des palais ?
Es-tu l'un des anges ? —

Le jeune homme alors dit en souriant :
— Je suis fils de roi, je viens d'Orient ;
Mon premier palais fut un toit de chaume,
Mais le monde entier ne peut m'enfermer.
Je te donnerai, si tu veux m'aimer,
Mon riche royaume. —

— Oui, dit Ayscha, je le veux. Allons !
Mais comment sortir, si nous ne volons
Comme les oiseaux ? Moi, je n'ai point d'ailes ;
Et, sous le grand mur de fer hérissé,
Abd-El-Nur-Eddin, mon père a placé
Des gardes fidèles. —

— L'amour est plus fort que le fin acier.
Mieux que sur les monts l'aigle carnassier,
Et plus haut, l'amour monte et va sans trêve.
Qui peut résister à l'amour divin?
Auprès de l'amour, enfant, tout est vain
Et tout n'est qu'un rêve! —

Maison, grilles, murs, rentrent dans la nuit;
Le jardin se trouble et s'évanouit.
Ils s'en vont tous deux à travers la plaine,
Longtemps, bien longtemps, et l'enfant, hélas!
Sent les durs cailloux meurtrir ses pieds las,
Et manque d'haleine.

— O mon cher seigneur, Allah m'est témoin
Que je t'aime, mais ton royaume est loin!
Arriverons-nous avant que je meure?
Mon sang coule, j'ai bien soif et bien faim! —
Une maison noire apparaît enfin.
— Voici ma demeure.

Mon nom est Jésus. Je suis le pêcheur
Qui prend dans ses rets l'âme en sa fraîcheur.
Je t'aime, Ayscha; calme tes alarmes;
Car, pour enrichir ta robe d'hymen,
Vois, j'ai recueilli, fleur de l'Yémen,
Ton sang et tes larmes!

Tu me reverras du cœur et des yeux,
Et je te réserve, enfant, dans mes cieux,
La vie éternelle après cette terre! —
Parmi les vivants morte désormais,
La vierge Ayscha ne sortit jamais
Du noir monastère.

Le Conseil du Fakir.

I

VINGT Cipayes, la main sur leurs pommeaux fourbis
Et le crâne rasé ceint du pallacate,
Gardent le vieux Nabab et la Begum d'Arkate;
Autour danse un essaim léger de Lall-Bibis.

Le Mongol, roide et grave en ses riches habits,
Égrène un chapelet fait d'ambre de Maskate;
La jeune femme est belle, et sa peau délicate
Luit sous la mousseline où brûlent les rubis.

Devant eux, un Fakir demi-nu, maigre et sale,
Mange en un plat de bois du riz de Mangalor,
Assis sur les jarrets au milieu de la salle.

La fange de ses pieds souille la soie et l'or,
Et, tandis que l'on danse, il gratte avec ses ongles
Sa peau rude, en grondant comme un tigre des djungles.

II

— L'aile noire d'Yblis plane sur ton palais,
Mohhammed-Ali-Khan ! ta fortune est au faîte,
Mais la suprême part que le destin t'a faite
Va t'échoir, ô Nabab, sans beaucoup de délais.

Tes crimes les plus lourds, tes vices les plus laids,
Hâtent l'heure sinistre et vont clore la fête.
Allah ! rien n'est profond, par l'Ane du Prophète !
Comme l'aveuglement sans borne où tu te plais.

Nabab ! ta barbe est grise et ta prudence est jeune,
Et moi, j'ai reconnu la haine et son dessein
Par l'œil de la prière et l'oreille du jeûne.

Pourquoi réchauffes-tu le reptile en ton sein,
O Mohhammed ? Voici qu'il siffle et qu'il t'enlace,
Et qu'il cherche à te mordre à la meilleure place ! —

III

Mohhammed-Ali-Khan fume, silencieux,
Son hûka bigarré d'arabesques fleuries;
Mais, redressant son front chargé de pierreries,
La Begum, qui tressaille, ouvre tout grands ses yeux.

Le Fakir dit : — Allah ! le cœur capricieux
Qu'enveloppe l'encens impur des flatteries
S'endort au bercement des molles rêveries
Et s'éveille, enflammé d'un songe ambitieux.

Il n'est pas bon d'errer des regards et de l'âme
Hors le cercle rigide où vit l'honnêteté,
Comme en sa gaîne sombre une éclatante lame.

Malheur à qui ne sait que l'amour, la beauté,
La jeunesse qui rit avec sa bouche rose,
Fleurissent pour l'Enfer quand le sang les arrose ! —

IV

— Bon Fakir, dit le vieux Mohhammed, par Yblis !
Tes paroles sont d'or autant que ton silence,
Et tiennent de niveau les plats de la balance ;
Mais le livre sans doute est fort noir où tu lis. —

Or la Begum, riant comme les bengalis,
Et penchant vers l'époux son col plein d'indolence,
Dit : — Le saint homme rêve ! — Et puis elle lui lance
Une bourse du bout de ses beaux doigts polis.

Le filet, enrichi d'une opale de Perse,
Sur le pavé de marbre incrusté de métal
Sonne et jette un flot d'or qui roule et se disperse.

— Voici le prix du sang au meurtrier fatal,
Dit le Fakir; maudit soit-il ! Nabab, le glaive
Est hors la gaîne : agis avant qu'il ne se lève ! —

V

Il sort, et Mohhammed regarde fixement
Cette femme au front ceint de grâce et de noblesse,
Si calme à son côté, si belle en sa faiblesse,
Et dont l'œil jeune et pur brille si doucement.

Il sourit sous le joug de cet être charmant,
Vieux tigre résigné qu'un enfant mène en laisse,
Et repousse bien loin le soupçon qui le blesse :
Quelle bouche dit vrai, si cette bouche ment ?

Ah ! s'il pouvait, au fond de ce cœur qu'il ignore,
Lire ce qu'il désire et redoute à la fois,
Ou le faire vibrer comme un métal sonore !

Mais il aime, et voici, tel qu'aux jours d'autrefois,
Qu'il sent courir en lui, chauffant sa rude écorce,
Le sang de sa jeunesse et le sang de sa force.

VI

La nuit monte et saisit dans ses filets en feu
Les mers, les bois épais, les montagnes, les nues ;
Des milliers de rumeurs du désert seul connues
S'envolent puissamment de la terre au ciel bleu.

L'homme dort. Le sommeil est doux et coûte peu ;
Les belles visions y sont les bienvenues,
Dit le Sage, on y voit danser, vierges et nues,
Les Hûris aux yeux noirs qui devancent tout vœu!

Donc, Mohhammed repose au fond du palais sombre.
La blafarde clarté d'une lampe d'argent
Détache vaguement son front blême de l'ombre.

Le sang ne coule plus de sa gorge ; et, nageant,
Au milieu d'une pourpre horrible et déjà froide,
Le corps du vieux Nabab gît immobile et roide.

Le Sommeil de Leïlah

Ni bruits d'aile, ni sons d'eau vive, ni murmures;
La cendre du soleil nage sur l'herbe en fleur,
Et de son bec furtif le bengali siffleur
Boit, comme un sang doré, le jus des mangues mûres.

Dans le verger royal où rougissent les mûres,
Sous le ciel clair qui brûle et n'a plus de couleur,
Leïlah, languissante et rose de chaleur,
Clôt ses yeux aux longs cils à l'ombre des ramures.

Son front ceint de rubis presse son bras charmant;
L'ambre de son pied nu colore doucement
Le treillis emperlé de l'étroite babouche.

Elle rit et sommeille et songe au bien-aimé,
Telle qu'un fruit de pourpre, ardent et parfumé,
Qui rafraîchit le cœur en altérant la bouche.

L'Oasis.

Derrière les coteaux stériles de Kobbé
Comme un bloc rouge et lourd le soleil est tombé;
Un vol de vautours passe et semble le poursuivre.
Le ciel terne est rayé de nuages de cuivre;
Et de sombres lueurs, vers l'Est, traînent encor,
Pareilles aux lambeaux de quelque robe d'or.
Le rugueux Sennaar, jonché de pierres rousses
Qui hérissent le sable ou déchirent les mousses,
A travers la vapeur de ses marais malsains
Ondule jusqu'au pied des versants Abyssins.
La nuit tombe. On entend les koukals aux cris aigres.
Les hyènes, secouant le poil de leurs dos maigres,
De buissons en buissons se glissent en râlant.
L'hippopotame souffle aux berges du Nil blanc

Et vautre, dans les joncs rigides qu'il écrase,
Son ventre rose et gras tout cuirassé de vase.
Autour des flaques d'eau saumâtre où les chakals
Par bandes viennent boire, en longeant les nopals,
L'aigu fourmillement des stridentes bigaylles
S'épaissit et tournoie au-dessus des broussailles ;
Tandis que, du désert en Nubie emporté,
Un vent âcre, chargé de chaude humidité,
Avec une rumeur vague et sinistre, agite
Les rudes palmiers-doums où l'ibis fait son gîte.

Voici ton heure, ô roi du Sennaar, ô chef
Dont le soleil endort le rugissement bref.
Sous la roche concave et pleine d'os qui luisent,
Contre l'âpre granit tes ongles durs s'aiguisent.
Arquant tes souples reins fatigués du repos,
Et ta crinière jaune éparse sur le dos,
Tu te lèves, tu viens d'un pas mélancolique
Aspirer l'air du soir sur ton seuil famélique,
Et, le front haut, les yeux à l'horizon dormant,
Tu regardes l'espace et rugis sourdement.
Sur la lividité du ciel la lune froide
De la proche oasis découpe l'ombre roide,
Où, las d'avoir marché par les terrains bourbeux,
Les hommes du Darfour font halte avec leurs bœufs.
Ils sont couchés là-bas auprès de la citerne
Dont un rayon de lune argente l'onde terne
Les uns, ayant mangé le mil et le maïs,

S'endorment en parlant du retour au pays;
Ceux-ci, pleins de langueur, rêvant de grasses herbes,
Et le mufle enfoui dans leurs fanons superbes,
Ruminent lentement sur leur lit de graviers.
A toi la chair des bœufs ou la chair des bouviers!
Le vent a consumé leurs feux de ronce sèche;
Ta narine s'emplit d'une odeur vive et fraîche,
Ton ventre bat, la faim hérisse tes cheveux,
Et tu plonges dans l'ombre en quelques bonds nerveux

La Fontaine aux lianes.

Comme le flot des mers ondulant vers les plages,
O bois, vous déroulez, pleins d'arome et de nids,
Dans l'air splendide et bleu vos houles de feuillages ;
Vous êtes toujours vieux et toujours rajeunis.

Le temps a respecté, rois aux longues années,
Vos grands fronts couronnés de lianes d'argent ;
Nul pied ne foulera vos feuilles non fanées :
Vous verrez passer l'homme et le monde changeant.

Vous inclinez d'en haut, au penchant des ravines,
Vos rameaux lents et lourds qu'ont brûlés les éclairs ;
Qu'il est doux le repos de vos ombres divines,
Aux soupirs de la brise, aux chansons des flots clairs !

Le soleil de midi fait palpiter vos sèves ;
Vous siégez, revêtus de sa pourpre, et sans voix ;
Mais la nuit, épanchant la rosée et les rêves,
Apaise et fait chanter les âmes et les bois.

Par delà les verdeurs des zones maternelles
Où vous poussez d'un jet vos troncs inébranlés,
Seules, plus près du ciel, les neiges éternelles
Couvrent de leurs plis blancs les pics immaculés.

O bois natals, j'errais sous vos larges ramures ;
L'aube aux flancs noirs des monts marchait d'un pied vermeil ;
La mer avec lenteur éveillait ses murmures,
Et de tout œil vivant fuyait le doux sommeil.

Au bord des nids, ouvrant ses ailes longtemps closes,
L'oiseau disait le jour avec un chant plus frais
Que la source agitant les verts buissons de roses,
Que le rire amoureux du vent dans les forêts.

Les abeilles sortaient des ruches naturelles
Et par essaims vibraient au soleil matinal ;
Et, livrant le trésor de leurs corolles frêles,
Chaque fleur répandait sa goutte de cristal.

Et le ciel descendait dans les claires rosées
Dont la montagne bleue au loin étincelait ;
Un mol encens fumait des plantes arrosées
Vers la sainte nature à qui mon cœur parlait.

Au fond des bois baignés d'une vapeur céleste,
Il était une eau vive où rien ne remuait ;
Quelques joncs verts, gardiens de la fontaine agreste,
S'y penchaient au hasard en un groupe muet.

Les larges nénuphars, les lianes errantes,
Blancs archipels, flottaient enlacés sur les eaux,
Et dans leurs profondeurs vives et transparentes
Brillait un autre ciel où nageaient les oiseaux.

O fraîcheur des forêts, sérénité première,
O vents qui caressiez les feuillages chanteurs,
Fontaine aux flots heureux où jouait la lumière,
Éden épanoui sur les vertes hauteurs !

Salut, ô douce paix, et vous, pures haleines,
Et vous qui descendiez du ciel et des rameaux,
Repos du cœur, oubli de la joie et des peines !
Salut, ô sanctuaire interdit à nos maux !

Et, sous le dôme épais de la forêt profonde,
Aux réduits du lac bleu dans les bois épanché,
Dormait, enveloppé du suaire de l'onde,
Un mort, les yeux au ciel, sur le sable couché.

Il ne sommeillait pas, calme comme Ophélie,
Et souriant comme elle, et les bras sur le sein ;
Il était de ces morts que bientôt on oublie ;
Pâle et triste, il songeait au fond du clair bassin.

La tête au dur regard reposait sur la pierre ;
Aux replis de la joue où le sable brillait,
On eût dit que des pleurs tombaient de la paupière
Et que le cœur encor par instants tressaillait.

Sur les lèvres errait la sombre inquiétude.
Immobile, attentif, il semblait écouter
Si quelque pas humain, troublant la solitude,
De son suprême asile allait le rejeter.

Jeune homme, qui choisis pour ta couche azurée
La fontaine des bois aux flots silencieux,
Nul ne sait la liqueur qui te fut mesurée
Au calice éternel des esprits soucieux.

De quelles passions ta jeunesse assaillie
Vint-elle ici chercher le repos dans la mort ?
Ton âme à son départ ne fut pas recueillie,
Et la vie a laissé sur ton front un remord.

Pourquoi jusqu'au tombeau cette tristesse amère ?
Ce cœur s'est-il brisé pour avoir trop aimé ?
La blanche illusion, l'espérance éphémère
En s'envolant au ciel l'ont-elles vu fermé ?

Tu n'es pas né sans doute au bord des mers dorées,
Et tu n'as pas grandi sous les divins palmiers ;
Mais l'avare soleil des lointaines contrées
N'a pas mûri la fleur de tes songes premiers.

A l'heure où de ton sein la flamme fut ravie,
O jeune homme qui vins dormir en ces beaux lieux,
Une image divine et toujours poursuivie,
Un ciel mélancolique ont passé dans tes yeux.

Si ton âme ici-bas n'a point brisé sa chaîne,
Si la source au flot pur n'a point lavé tes pleurs,
Si tu ne peux partir pour l'étoile prochaine,
Reste, épuise la vie et tes chères douleurs!

Puis, ô pâle étranger, dans ta fosse bleuâtre,
Libre des maux soufferts et d'une ombre voilé,
Que la nature au moins ne te soit point marâtre:
Repose entre ses bras, paisible et consolé.

Tel je songeais. Les bois, sous leur ombre odorante,
Épanchant un concert que rien ne peut tarir,
Sans m'écouter, berçaient leur gloire indifférente,
Ignorant que l'on souffre et qu'on puisse en mourir.

La fontaine limpide, en sa splendeur native,
Réfléchissait toujours les cieux de flamme emplis,
Et sur ce triste front nulle haleine plaintive
Des flots riants et purs ne vint rider les plis.

Sur les blancs nénuphars l'oiseau ployant ses ailes
Buvait de son bec rose en ce bassin charmant,
Et, sans penser aux morts, tout couvert d'étincelles,
Volait sécher sa plume au tiède firmament.

La nature se rit des souffrances humaines;
Ne contemplant jamais que sa propre grandeur,
Elle dispense à tous ses forces souveraines
Et garde pour sa part le calme et la splendeur.

Les Hurleurs.

Le soleil dans les flots avait noyé ses flammes,
La ville s'endormait au pied des monts brumeux;
Sur de grands rocs lavés d'un nuage écumeux
La mer sombre en grondant versait ses hautes lames.

La nuit multipliait ce long gémissement.
Nul astre ne luisait dans l'immensité nue;
Seule, la lune pâle, en écartant la nue,
Comme une morne lampe oscillait tristement.

Monde muet, marqué d'un signe de colère,
Débris d'un globe mort au hasard dispersé,
Elle laissait tomber de son orbe glacé
Un reflet sépulcral sur l'océan polaire.

Sans borne, assise au Nord, sous les cieux étouffants,
L'Afrique, s'abritant d'ombre épaisse et de brume,
Affamait ses lions dans le sable qui fume,
Et couchait près des lacs ses troupeaux d'éléphants.

Mais sur la plage aride, aux odeurs insalubres,
Parmi des ossements de bœufs et de chevaux,
De maigres chiens, épars, allongeant leurs museaux,
Se lamentaient, poussant des hurlements lugubres.

La queue en cercle sous leurs ventres palpitants,
L'œil dilaté, tremblant sur leurs pattes fébriles,
Accroupis çà et là, tous hurlaient, immobiles,
Et d'un frisson rapide agités par instants.

L'écume de la mer collait sur leurs échines
De longs poils qui laissaient les vertèbres saillir;
Et, quand les flots par bonds les venaient assaillir,
Leurs dents blanches claquaient sous leurs rouges babines.

Devant la lune errante aux livides clartés,
Quelle angoisse inconnue, au bord des noires ondes,
Faisait pleurer une âme en vos formes immondes?
Pourquoi gémissiez-vous, spectres épouvantés?

Je ne sais; mais, ô chiens qui hurliez sur les plages,
Après tant de soleils qui ne reviendront plus,
J'entends toujours, du fond de mon passé confus,
Le cri désespéré de vos douleurs sauvages!

La Ravine Saint-Gilles.

La gorge est pleine d'ombre où, sous les bambous grêles,
Le soleil au zénith n'a jamais resplendi,
Où les filtrations des sources naturelles
S'unissent au silence enflammé de midi.

De la lave durcie aux fissures moussues,
Au travers des lichens l'eau tombe en ruisselant,
S'y perd, et, se creusant de soudaines issues,
Germe et circule au fond parmi le gravier blanc.

Un bassin aux reflets d'un bleu noir y repose,
Morne et glacé, tandis que, le long des blocs lourds,
La liane en treillis suspend sa cloche rose,
Entre d'épais gazons aux touffes de velours.

Sur les rebords saillants où le cactus éclate,
Errant des vétivers aux aloès fleuris,
Le cardinal, vêtu de sa plume écarlate,
En leurs nids cotonneux trouble les colibris.

Les martins au bec jaune et les vertes perruches
Du haut des pics aigus regardent l'eau dormir;
Et, dans un rayon vif, autour des noires ruches,
On entend un vol d'or tournoyer et frémir.

Soufflant leur vapeur chaude au-dessus des arbustes,
Suspendus au sentier d'herbe rude entravé,
Des bœufs de Tamatave, indolents et robustes,
Hument l'air du ravin que l'eau vive a lavé;

Et les grands papillons aux ailes magnifiques,
La rose sauterelle, en ses bonds familiers,
Sur leur bosse calleuse et leurs reins pacifiques
Sans peur du fouet velu se posent par milliers.

A la pente du roc que la flamme pénètre,
Le lézard souple et long s'enivre de sommeil,
Et, par instants, saisi d'un frisson de bien-être,
Il agite son dos d'émeraude au soleil.

Sous les réduits de mousse où les cailles replètes
De la chaude savane évitent les ardeurs,
Glissant sur le velours de leurs pattes discrètes,
L'œil mi-clos de désir, rampent les chats rôdeurs.

Et quelque Noir, assis sur un quartier de lave,
Gardien des bœufs épars paissant l'herbage amer,
Un haillon rouge aux reins, fredonne un air saklave,
Et songe à la grande Ile en regardant la mer.

Ainsi, sur les deux bords de la gorge profonde,
Rayonne, chante et rêve, en un même moment,
Toute forme vivante et qui fourmille au monde;
Mais formes, sons, couleurs, s'arrêtent brusquement.

Plus bas, tout est muet et noir au sein du gouffre,
Depuis que la montagne, en émergeant des flots,
Rugissante, et par jets de granit et de soufre,
Se figea dans le ciel et connut le repos.

A peine une échappée, étincelante et bleue,
Laisse-t-elle entrevoir, en un pan du ciel pur,
Vers Rodrigue ou Ceylan le vol des paille-en-queue,
Comme un flocon de neige égaré dans l'azur.

Hors ce point lumineux qui sur l'onde palpite,
La ravine s'endort dans l'immobile nuit;
Et, quand un roc miné d'en haut s'y précipite,
Il n'éveille pas même un écho de son bruit.

Pour qui sait pénétrer, Nature, dans tes voies,
L'illusion t'enserre et ta surface ment :
Au fond de tes fureurs, comme au fond de tes joies,
Ta force est sans ivresse et sans emportement.

Tel, parmi les sanglots, les rires et les haines,
Heureux qui porte en soi, d'indifférence empli,
Un impassible cœur sourd aux rumeurs humaines,
Un gouffre inviolé de silence et d'oubli!

La vie a beau frémir autour de ce cœur morne,
Muet comme un ascète absorbé par son Dieu;
Tout roule sans écho dans son ombre sans borne,
Et rien n'y luit du ciel, hormis un trait de feu.

Mais ce peu de lumière à ce néant fidèle,
C'est le reflet perdu des espaces meilleurs;
C'est ton rapide éclair, Espérance éternelle,
Qui l'éveille en sa tombe et le convie ailleurs!

Les Clairs de lune.

I

C'est un monde difforme, abrupt, lourd et livide,
Le spectre monstrueux d'un univers détruit
Jeté comme une épave à l'océan du vide,
Enfer pétrifié, sans flammes et sans bruit,
Flottant et tournoyant dans l'impassible nuit.
Autrefois, revêtu de sa grâce première,
Globe heureux d'où montait la rumeur des vivants,
Jeune, il a fait ailleurs sa route de lumière,
Avec ses eaux, ses bleus sommets, ses bois mouvants,
Sa robe de vapeurs mollement dénouées,
Ses millions d'oiseaux chantant par les nuées,
Dans la pourpre du ciel et sur l'aile des vents.
Loin des tièdes soleils, loin des nocturnes gloires,
A travers l'étendue il roule maintenant ;

Et voici qu'une mer d'ombre, par gerbes noires,
Contre les bords rongés du hideux continent
S'écrase, furieuse, et troue en bouillonnant
Le blême escarpement des rugueux promontoires.
Jusqu'au faîte des pics elle jaillit d'un bond,
Et, sur leurs escaliers versant ses cataractes,
Écume et rejaillit, hors des gouffres sans fond,
Dans l'espace aspergé de ténèbres compactes.
Et de ces blocs disjoints, de ces lugubres flots,
De cet écroulement horrible, morne, immense,
On n'entend rien sortir, ni clameurs ni sanglots :
Le sinistre univers se dissout en silence.
Mais la Terre, plus bas, qui rêve et veille encor
Sous le pétillement des solitudes bleues,
Regarde en souriant, à des milliers de lieues,
La lune, dans l'air pur, tendre son grand arc d'or.

II

Au plus creux des ravins emplis de blocs confus,
De flaques d'eau luisant par endroits sous les ombres,
La lune, d'un trait net, sculpte les lignes sombres
De vieux troncs d'arbres morts roides comme des fûts.

Dans les taillis baignés de violents aromes
Qu'une brume attiédie humecte de sueur,
Elle tombe, et blanchit de sa dure lueur
Le sentier des lions chasseurs de bœufs et d'hommes.

Un rauque grondement monte, roule et grandit.
Tout un monde effrayé rampe sous les arbustes;
Une souple panthère arque ses reins robustes
Et de l'autre côté du ravin noir bondit.

Les fragments de bois sec craquent parmi les pierres;
On entend approcher un souffle rude et sourd
Qui halète, et des pas légers près d'un pas lourd;
Des feux luisent au fond d'invisibles paupières.

Un vieux roi chevelu, maigre, marche en avant;
Et, flairant la rumeur nocturne qui fourmille,
Le col droit, l'œil au guet, la farouche famille,
Lionne et lionceaux, suit, les mufles au vent.

Le père, de ses crins voilant sa tête affreuse,
Hume un parfum subtil dans l'herbe et les cailloux;
Il hésite et repart, et sa queue au fouet roux
Par intervalles bat ses flancs que la faim creuse.

Hors du fourré, tous quatre, au faîte du coteau,
Aspirant dans l'air tiède une proie incertaine,
Un instant arrêtés, regardent par la plaine
Que la lune revêt de son blême manteau.

La mère et les enfants se couchent sur la ronce,
Et le roi de la nuit pousse un rugissement
Qui, d'échos en échos, mélancoliquement,
Comme un grave tonnerre à l'horizon s'enfonce.

III

La mer est grise, calme, immense,
L'œil vainement en fait le tour,
Rien ne finit, rien ne commence;
Ce n'est ni la nuit, ni le jour.

Point de lame à frange d'écume,
Point d'étoiles au fond de l'air.
Rien ne s'éteint, rien ne s'allume:
L'espace n'est ni noir, ni clair.

Albatros, pétrels aux cris rudes,
Marsouins, souffleurs, tout a fui.
Sur les tranquilles solitudes
Plane un vague et profond ennui.

Nulle rumeur, pas une haleine.
La lourde coque au lent roulis
Hors de l'eau terne montre à peine
Le cuivre de ses flancs polis;

Et, le long des cages à poules,
Les hommes de quart, sans rien voir,
Regardent, en songeant, les houles
Monter, descendre et se mouvoir.

Mais, vers l'Est, une lueur blanche,
Comme une cendre au vol léger
Qui par nappes fines s'épanche,
De l'horizon semble émerger.

Elle nage, pleut, se disperse,
S'épanouit de toute part,
Tourbillonne, retombe et verse
Son diaphane et doux brouillard.

Un feu pâle luit et déferle,
La mer frémit, s'ouvre un moment,
Et, dans le ciel couleur de perle,
La lune monte lentement.

Les Eléphants.

Le sable rouge est comme une mer sans limite,
Et qui flambe, muette, affaissée en son lit.
Une ondulation immobile remplit
L'horizon aux vapeurs de cuivre où l'homme habite.

Nulle vie et nul bruit. Tous les lions repus
Dorment au fond de l'antre éloigné de cent lieues,
Et la girafe boit dans les fontaines bleues,
Là-bas, sous les dattiers des panthères connus.

Pas un oiseau ne passe en fouettant de son aile
L'air épais où circule un immense soleil.
Parfois quelque boa, chauffé dans son sommeil,
Fait onduler son dos dont l'écaille étincelle.

Tel l'espace enflammé brûle sous les cieux clairs;
Mais, tandis que tout dort aux mornes solitudes,
Les éléphants rugueux, voyageurs lents et rudes,
Vont au pays natal à travers les déserts.

D'un point de l'horizon, comme des masses brunes,
Ils viennent, soulevant la poussière, et l'on voit,
Pour ne point dévier du chemin le plus droit,
Sous leur pied large et sûr crouler au loin les dunes.

Celui qui tient la tête est un vieux chef. Son corps
Est gercé comme un tronc que le temps ronge et mine;
Sa tête est comme un roc, et l'arc de son échine
Se voûte puissamment à ses moindres efforts.

Sans ralentir jamais et sans hâter sa marche,
Il guide au but certain ses compagnons poudreux;
Et, creusant par derrière un sillon sablonneux,
Les pèlerins massifs suivent leur patriarche.

L'oreille en éventail, la trompe entre les dents,
Ils cheminent, l'œil clos. Leur ventre bat et fume,
Et leur sueur dans l'air embrasé monte en brume;
Et bourdonnent autour mille insectes ardents.

Mais qu'importent la soif et la mouche vorace,
Et le soleil cuisant leur dos noir et plissé?
Ils rêvent en marchant du pays délaissé,
Des forêts de figuiers où s'abrita leur race.

Ils reverront le fleuve échappé des grands monts,
Où nage en mugissant l'hippopotame énorme;
Où, blanchis par la lune et projetant leur forme,
Ils descendaient pour boire en écrasant les joncs.

Aussi, pleins de courage et de lenteur, ils passent
Comme une ligne noire, au sable illimité;
Et le désert reprend son immobilité
Quand les lourds voyageurs à l'horizon s'effacent.

La Forêt vierge.

Depuis le jour antique où germa sa semence,
Cette forêt sans fin, aux feuillages houleux,
S'enfonce puissamment dans les horizons bleus
Comme une sombre mer qu'enfle un soupir immense.

Sur le sol convulsif l'homme n'était pas né
Qu'elle emplissait déjà, mille fois séculaire,
De son ombre, de son repos, de sa colère,
Un large pan du globe encore décharné.

Dans le vertigineux courant des heures brèves,
Du sein des grandes eaux, sous les cieux rayonnants,
Elle a vu tour à tour jaillir des continents
Et d'autres s'engloutir au loin, tels que des rêves.

Les étés flamboyants sur elle ont resplendi,
Les assauts furieux des vents l'ont secouée,
Et la foudre à ses troncs en lambeaux s'est nouée;
Mais en vain : l'indomptable a toujours reverdi.

Elle roule, emportant ses gorges, ses cavernes,
Ses blocs moussus, ses lacs hérissés et fumants
Où, par les mornes nuits, geignent les caïmans
Dans les roseaux bourbeux où luisent leurs yeux ternes

Ses gorilles ventrus hurlant à pleine voix,
Ses éléphants gercés comme une vieille écorce,
Qui, rompant les halliers effondrés de leur force,
S'enivrent de l'horreur ineffable des bois;

Ses buffles au front plat, irritables et louches,
Enfouis dans la vase épaisse des grands trous,
Et ses lions rêveurs traînant leurs cheveux roux
Et balayant du fouet l'essaim stridant des mouches;

Ses fleuves monstrueux, débordants, vagabonds,
Tombés des pics lointains, sans noms et sans rivage
Qui versent brusquement leurs écumes sauvages
De gouffre en gouffre avec d'irrésistibles bonds.

Et des ravins, des rocs, de la fange, du sable,
Des arbres, des buissons, de l'herbe, incessamment
Se prolonge et s'accroît l'ancien rugissement
Qu'a toujours exhalé son sein impérissable.

Les siècles ont coulé, rien ne s'est épuisé,
Rien n'a jamais rompu sa vigueur immortelle;
Il faudrait, pour finir, que, trébuchant sous elle,
La terre s'écroulât comme un vase brisé.

O forêt! Ce vieux globe a bien des ans à vivre;
N'en attends point le terme et crains tout de demain.
O mère des lions, ta mort est en chemin,
Et la hache est au flanc de l'orgueil qui t'enivre.

Sur cette plage ardente où tes rudes massifs,
Courbant le dôme lourd de leur verdeur première,
Font de grands morceaux d'ombre entourés de lumière
Où méditent debout tes éléphants pensifs;

Comme une irruption de fourmis en voyage
Qu'on écrase et qu'on brûle et qui marchent toujours,
Les flots t'apporteront le roi des derniers jours,
Le destructeur des bois, l'homme au pâle visage.

Il aura tant rongé, tari jusqu'à la fin
Le monde où pullulait sa race inassouvie,
Qu'à ta pleine mamelle où regorge la vie
Il se cramponnera dans sa soif et sa faim.

Il déracinera tes boababs superbes,
Il creusera le lit de tes fleuves domptés;
Et tes plus forts enfants fuiront épouvantés
Devant ce vermisseau plus frêle que tes herbes.

Mieux que la foudre errant à travers tes fourrés,
Sa torche embrasera coteau, vallon et plaine;
Tu t'évanouiras au vent de son haleine;
Son œuvre grandira sur tes débris sacrés.

Plus de fracas sonore aux parois des abîmes;
Des rires, des bruits vils, des cris de désespoir.
Entre des murs hideux un fourmillement noir;
Plus d'arceaux de feuillage aux profondeurs sublimes.

Mais tu pourras dormir, vengée et sans regret,
Dans la féconde nuit où tout doit redescendre;
Les larmes et le sang arroseront ta cendre,
Et tu rejailliras de la nôtre, ô forêt!

Le Manchy.

Sous un nuage frais de claire mousseline,
Tous les dimanches au matin,
Tu venais à la ville en manchy de rotin,
Par les rampes de la colline,

La cloche de l'église alertement tintait,
Le vent de mer berçait les cannes;
Comme une grêle d'or, aux pointes des savanes,
Le feu du soleil crépitait.

Le bracelet aux poings, l'anneau sur la cheville,
Et le mouchoir jaune aux chignons,
Deux Telingas portaient, assidus compagnons,
Ton lit aux nattes de Manille.

Ployant leur jarret maigre et nerveux, et chantant,
Souples dans leurs tuniques blanches,
Le bambou sur l'épaule et les mains sur les hanches,
Ils allaient le long de l'Étang.

Le long de la chaussée et des varangues basses
Où les vieux créoles fumaient,
Par les groupes joyeux des Noirs, ils s'animaient
Au bruit des bobres Madécasses.

Dans l'air léger flottait l'odeur des tamarins;
Sur les houles illuminées,
Au large, les oiseaux, en d'immenses traînées,
Plongeaient dans les brouillards marins.

Et tandis que ton pied, sorti de la babouche,
Pendait, rose, au bord du manchy,
A l'ombre des Bois-noirs touffus et du Letchi
Aux fruits moins pourprés que ta bouche;

Tandis qu'un papillon, les deux ailes en fleur,
Teinté d'azur et d'écarlate,
Se posait par instants sur ta peau délicate
En y laissant de sa couleur;

On voyait, au travers du rideau de batiste,
Tes boucles dorer l'oreiller,
Et, sous leurs cils mi-clos, feignant de sommeiller,
Tes beaux yeux de sombre améthyste.

Tu t'en venais ainsi, par ces matins si doux,
De la montagne à la grand'messe,
Dans ta grâce naïve et ta rose jeunesse,
Au pas rhythmé de tes Hindous.

Maintenant, dans le sable aride de nos grèves,
Sous les chiendents, au bruit des mers,
Tu reposes parmi les morts qui me sont chers,
O charme de mes premiers rêves!

Le Sommeil du condor.

Par delà l'escalier des roides Cordillères,
Par delà les brouillards hantés des aigles noirs,
Plus haut que les sommets creusés en entonnoirs
Où bout le flux sanglant des laves familières,
L'envergure pendante et rouge par endroits,
Le vaste oiseau, tout plein d'une morne indolence,
Regarde l'Amérique et l'espace en silence,
Et le sombre soleil qui meurt dans ses yeux froids.
La nuit roule de l'Est, où les pampas sauvages
Sous les monts étagés s'élargissent sans fin;
Elle endort le Chili, les villes, les rivages,
Et la mer Pacifique et l'horizon divin;
Du continent muet elle s'est emparée :
Des sables aux coteaux, des gorges aux versants,

De cime en cime, elle enfle, en tourbillons croissants,
Le lourd débordement de sa haute marée,
Lui, comme un spectre, seul, au front du pic altier,
Baigné d'une lueur qui saigne sur la neige,
Il attend cette mer sinistre qui l'assiége :
Elle arrive, déferle, et le couvre en entier.
Dans l'abîme sans fond la Croix australe allume
Sur les côtes du ciel son phare constellé.
Il râle de plaisir, il agite sa plume,
Il érige son cou musculeux et pelé,
Il s'enlève en fouettant l'âpre neige des Andes,
Dans un cri rauque il monte où n'atteint pas le vent,
Et, loin du globe noir, loin de l'astre vivant,
Il dort dans l'air glacé, les ailes toutes grandes.

Un Coucher de soleil.

Sur la côte d'un beau pays,
Par delà les flots pacifiques,
Deux hauts palmiers épanouis
Bercent leurs palmes magnifiques.

A leur ombre, tel qu'un Nabab
Qui, vers midi, rêve et repose,
Dort un grand tigre du Pendj-Ab,
Allongé sur le sable rose;

Et, le long des fûts lumineux,
Comme au paradis des genèses,
Deux serpents enroulent leurs nœuds
Dans une spirale de braises.

Auprès, un golfe de satin,
Où le feuillage se reflète,
Baigne un vieux palais byzantin
De brique rouge et violette.

Puis, des cygnes noirs, par milliers,
L'aile ouverte au vent qui s'y joue,
Ourlent, au bas des escaliers,
L'eau diaphane avec leur proue.

L'horizon est immense et pur;
A peine voit-on, aux cieux calmes,
Descendre et monter dans l'azur
La palpitation des palmes.

Mais voici qu'au couchant vermeil
L'oiseau Rok s'enlève, écarlate :
Dans son bec il tient le soleil,
Et des foudres dans chaque patte.

Sur le poitrail du vieil oiseau,
Qui fume, pétille et s'embrase,
L'astre coule et fait un ruisseau
Couleur d'or, d'ambre et de topaze.

Niagara resplendissant,
Ce fleuve s'écroule aux nuées,
Et rejaillit en y laissant
Des écumes d'éclairs trouées.

Soudain le géant Orion,
Ou quelque sagittaire antique,
Du côté du septentrion
Dresse sa stature athlétique.

Le chasseur tend son arc de fer
Tout rouge au sortir de la forge,
Et, faisant un pas sur la mer,
Transperce le Rok à la gorge.

D'un coup d'aile l'oiseau sanglant
S'enfonce à travers l'étendue;
Et le soleil tombe en brûlant,
Et brise sa masse éperdue.

Alors des volutes de feu
Dévorent d'immenses prairies,
S'élancent, et, du zénith bleu,
Pleuvent en flots de pierreries.

Sur la face du ciel mouvant
Gisent de flamboyants décombres;
Un dernier jet exhale au vent
Des tourbillons de pourpre et d'ombres;

Et, se dilatant par bonds lourds,
Muette, sinistre, profonde,
La nuit traîne son noir velours
Sur la solitude du monde.

La Panthère noire.

Une rose lueur s'épand par les nuées;
L'horizon se dentelle, à l'Est, d'un vif éclair;
Et le collier nocturne, en perles dénouées,
S'égrène et tombe dans la mer.

Toute une part du ciel se vêt de molles flammes
Qu'il agrafe à son faîte étincelant et bleu.
Un pan traîne et rougit l'émeraude des lames
D'une pluie aux gouttes de feu.

Des bambous éveillés où le vent bat des ailes
Des letchis au fruit pourpre et des canelliers
Pétille la rosée en gerbes d'étincelles,
Montent des bruits frais, par milliers

Et des monts et des bois, des fleurs, des hautes mousses,
Dans l'air tiède et subtil, brusquement dilaté,
S'épanouit un flot d'odeurs fortes et douces,
Plein de fièvre et de volupté.

Par les sentiers perdus au creux des forêts vierges
Où l'herbe épaisse fume au soleil du matin;
Le long des cours d'eau vive encaissés dans leurs berges,
Sous de verts arceaux de rotin;

La reine de Java, la noire chasseresse,
Avec l'aube, revient au gîte où ses petits
Parmi les os luisants miaulent de détresse,
Les uns sous les autres blottis.

Inquiète, les yeux aigus comme des flèches,
Elle ondule, épiant l'ombre des rameaux lourds.
Quelques taches de sang, éparses, toutes fraîches,
Mouillent sa robe de velours.

Elle traîne après elle un reste de sa chasse,
Un quartier du beau cerf qu'elle a mangé la nuit;
Et sur la mousse en fleur une effroyable trace
Rouge, et chaude encore, la suit.

Autour, les papillons et les fauves abeilles
Effleurent à l'envi son dos souple du vol;
Les feuillages joyeux, de leurs mille corbeilles
Sur ses pas parfument le sol.

Le python, du milieu d'un cactus écarlate,
Déroule son écaille, et, curieux témoin,
Par-dessus les buissons dressant sa tête plate,
La regarde passer de loin.

Sous la haute fougère elle glisse en silence,
Parmi les troncs moussus s'enfonce et disparaît.
Les bruits cessent, l'air brûle, et la lumière immense
Endort le ciel et la forêt.

L'Aurore.

La nue était d'or pâle; et d'un ciel doux et frais,
Sur les jaunes bambous, sur les rosiers épais,
Sur la mousse gonflée et les safrans sauvages,
D'étroits rayons filtraient à travers les feuillages:
Un arome léger d'herbe et de fleurs montait;
Un murmure infini dans l'air subtil flottait :
Chœur des Esprits cachés, âmes de toutes choses,
Qui font chanter la source et s'entr'ouvrir les roses;
Dieux jeunes, bienveillants, rois d'un monde enchanté
Où s'unissent d'amour la force et la beauté.
La brume bleue errait aux pentes des ravines;
Et, de leurs becs pourprés lissant leurs ailes fines,
Les blonds sénégalis, dans les gérofliers
D'une eau pure trempés, s'éveillaient par milliers.

La mer était sereine, et sur la houle claire
L'aube vive dardait sa flèche de lumière ;
La montagne nageait dans l'air éblouissant
Avec ses verts coteaux de maïs mûrissant,
Et ses cônes d'azur, et ses forêts bercées
Aux brises du matin sur les flots élancées ;
Et l'île, rougissante et lasse du sommeil,
Chantait et souriait aux baisers du soleil.

O jeunesse sacrée, irréparable joie,
Félicité perdue, où l'âme en pleurs se noie !
O lumière, ô fraîcheur des monts calmes et bleus,
Des coteaux et des bois feuillages onduleux,
Aube d'un jour divin, chant des mers fortunées,
Florissante vigueur de mes belles années...
Vous vivez, vous chantez, vous palpitez encor,
Saintes réalités, dans vos horizons d'or !
Mais, ô nature, ô ciel, flots sacrés, monts sublimes,
Bois dont les vents amis font murmurer les cimes,
Formes de l'idéal, magnifiques aux yeux,
Vous avez disparu de mon cœur oublieux !
Et voici que, lassé de voluptés amères,
Haletant du désir de mes mille chimères,
Hélas ! j'ai désappris les hymnes d'autrefois,
Et que mes dieux trahis n'entendent plus ma voix.

Les Jungles.

Sous l'herbe haute et sèche où le naja vermeil
Dans sa spirale d'or se déroule au soleil,
La bête formidable, habitante des jungles,
S'endort, le ventre en l'air, et dilate ses ongles.
De son mufle marbré qui s'ouvre, un souffle ardent
Fume ; la langue rude et rose va pendant ;
Et sur l'épais poitrail, chaud comme une fournaise
Passe par intervalle un frémissement d'aise.
Toute rumeur s'éteint autour de son repos.
La panthère aux aguets rampe en arquant le dos ;
Le python musculeux, aux écailles d'agate,
Sous les nopals aigus glisse sa tête plate ;
Et dans l'air où son vol en cercle a flamboyé,
La cantharide vibre autour du roi rayé.

Lui, baigné par la flamme et remuant la queue,
Il dort tout un soleil sous l'immensité bleue.

Mais l'ombre en nappe noire à l'horizon descend.
La fraîcheur de la nuit a refroidi son sang;
Le vent passe au sommet des herbes; il s'éveille,
Jette un morne regard au loin, et tend l'oreille.
Le désert est muet. Vers les cours d'eau cachés
Où fleurit le lotus sous les bambous penchés,
Il n'entend point bondir les daims aux jambes grêles,
Ni le troupeau léger des nocturnes gazelles.
Le frisson de la faim creuse son maigre flanc;
Hérissé, sur soi-même il tourne en grommelant;
Contre le sol rugueux il s'étire et se traîne,
Flaire l'étroit sentier qui conduit à la plaine,
Et, se levant dans l'herbe avec un bâillement,
Au travers de la nuit miaule tristement.

Le Bernica.

PERDU sur la montagne, entre deux parois hautes,
Il est un lieu sauvage, au rêve hospitalier,
Qui, dès le premier jour, n'a connu que peu d'hôtes ;
Le bruit n'y monte pas de la mer sur les côtes,
Ni la rumeur de l'homme : on y peut oublier.

La liane y suspend dans l'air ses belles cloches
Où les frelons, gorgés de miel, dorment blottis ;
Un rideau d'aloès en défend les approches ;
Et l'eau vive qui germe aux fissures des roches
Y fait tinter l'écho de son clair cliquetis.

Quand l'aube jette aux monts sa rose bandelette,
Cet étroit paradis, parfumé de verdeurs,

Au-devant du soleil, comme une cassolette,
Enroule autour des pics la brume violette
Qui, par frais tourbillons, sort de ses profondeurs.

Si Midi, du ciel pur, verse sa lave blanche,
Au travers des massifs il n'en laisse pleuvoir
Que des éclats légers qui vont, de branche en branche,
Fluides diamants que l'une à l'autre épanche,
De leurs taches de feu semer le gazon noir.

Parfois, hors des fourrés, les oreilles ouvertes,
L'œil au guet, le col droit, et la rosée au flanc,
Un cabri voyageur, en quelques bonds alertes,
Vient boire aux cavités pleines de feuilles vertes,
Les quatre pieds posés sur un caillou tremblant.

Tout un essaim d'oiseaux fourmille, vole et rôde
De l'arbre aux rocs moussus, et des herbes aux fleurs:
Ceux-ci trempent dans l'eau leur poitrail d'émeraude;
Ceux-là, séchant leur plume à la brise plus chaude,
Se lustrent d'un bec frêle aux bords des nids siffleurs.

Ce sont des chœurs soudains, des chansons infinies,
Un long gazouillement d'appels joyeux mêlé,
Ou des plaintes d'amour à des rires unies;
Et si douces, pourtant, flottent ces harmonies,
Que le repos de l'air n'en est jamais troublé.

Mais l'âme s'en pénètre; elle se plonge, entière,
Dans l'heureuse beauté de ce monde charmant;
Elle se sent oiseau, fleur, eau vive et lumière;
Elle revêt ta robe, ô pureté première!
Et se repose en Dieu silencieusement.

Le Jaguar.

Sous le rideau lointain des escarpements sombres,
La lumière, par flots écumeux, semble choir;
Et les mornes pampas où s'allongent les ombres
Frémissent vaguement à la fraîcheur du soir.

Des marais hérissés d'herbes hautes et rudes,
Des sables, des massifs d'arbres, des rochers nus,
Montent, roulent, épars, du fond des solitudes,
De sinistres soupirs au soleil inconnus.

La lune, qui s'allume entre des vapeurs blanches,
Sur la vase d'un fleuve aux sourds bouillonnements,
Froide et dure, à travers l'épais réseau des branches,
Fait reluire le dos rugueux des caïmans.

Les uns, le long du bord traînant leurs cuisses torses,
Pleins de faim, font claquer leurs mâchoires de fer;
D'autres, tels que des troncs vêtus d'âpres écorces,
Gisent, entre-bâillant la gueule aux courants d'air.

Dans l'acajou fourchu, lové comme un reptile,
C'est l'heure où, l'œil mi-clos et le mufle en avant,
Le chasseur au beau poil flaire une odeur subtile,
Un parfum de chair vive égaré dans le vent.

Ramassé sur ses reins musculeux, il dispose
Ses ongles et ses dents pour son œuvre de mort;
Il se lisse la barbe avec sa langue rose;
Il laboure l'écorce et l'arrache et la mord;

Tordant sa souple queue en spirale, il en fouette
Le tronc de l'acajou d'un brusque enroulement;
Puis sur sa patte roide il allonge la tête,
Et, comme pour dormir, il râle doucement.

Mais voici qu'il se tait, et, tel qu'un bloc de pierre,
Immobile, s'affaisse au milieu des rameaux :
Un grand bœuf des pampas entre dans la clairière,
Corne haute et deux jets de fumée aux naseaux.

Celui-ci fait trois pas. La peur le cloue en place :
Au sommet d'un tronc noir qu'il effleure en passant,
Plantés droit dans sa chair où court un froid de glace,
Flambent deux yeux zébrés d'or, d'agate et de sang.

Stupide, vacillant sur ses jambes inertes,
Il pousse contre terre un mugissement fou ;
Et, le jaguar, du creux des branches entr'ouvertes,
Se détend comme un arc et le saisit au cou.

Le bœuf cède, en trouant la terre de ses cornes,
Sous le choc imprévu qui le force à plier ;
Mais bientôt, furieux, par les plaines sans bornes
Il emporte au hasard son fauve cavalier.

Sur le sable mouvant qui s'amoncelle en dune,
De marais, de rochers, de buissons entravé,
Ils passent, aux lueurs blafardes de la lune,
L'un ivre, aveugle, en sang, l'autre à sa chair rivé.

Ils plongent au plus noir de l'immobile espace,
Et l'horizon recule et s'élargit toujours ;
Et d'instants en instants, leur rumeur qui s'efface
Dans la nuit et la mort enfonce ses bruits sourds.

Effet de lune.

Sous la nue où le vent qui roule
Mugit comme un troupeau de bœufs,
Dans l'ombre la mer dresse en foule
Les cimes de ses flots bourbeux.

Tous les démons de l'Atlantique,
Cheveux épars et bras tordus,
Dansent un sabbat fantastique
Autour des marins éperdus.

Souffleurs, cachalots et baleines,
Mâchant l'écume, ivres de bruit,
Mêlent leurs bonds et leurs haleines
Aux convulsions de la nuit.

Assiégé d'écumes livides,
Le navire, sous ce fardeau,
S'enfonce aux solitudes vides,
Creusant du front les masses d'eau.

Il se câbre, tremble, s'incline,
S'enlève de l'Océan noir,
Et du sommet d'une colline
Tournoie au fond d'un entonnoir.

Et nul astre au ciel lourd ne flotte;
Toujours un fracas rauque et dur
D'un souffle égal hurle et sanglote
Au travers de l'espace obscur.

Du côté vague où l'on gouverne,
Brusquement, voici qu'au regard
S'entr'ouvre une étroite caverne
Où palpite un reflet blafard.

Bientôt, du faîte de ce porche
Qui se hausse en s'élargissant,
On voit pendre, lugubre torche,
Une moitié de lune en sang.

Le vent furieux la travaille,
Et l'éparpille quelquefois
En rouges flammèches de paille
Contre les géantes parois;

Mais, dans cet antre, à pleines voiles,
Le navire, hors de l'enfer,
S'élance au-devant des étoiles,
Couvert des baves de la mer.

Les Taureaux.

Les plaines de la mer, immobiles et nues,
Coupent d'un long trait d'or la profondeur des nues.
Seul, un rose brouillard, attardé dans les cieux,
Se tord languissamment comme un grêle reptile
Au faîte dentelé des monts silencieux.
Un souffle lent, chargé d'une ivresse subtile,
Nage sur la savane et les versants moussus
Où les taureaux aux poils lustrés, aux cornes hautes,
A l'œil cave et sanglant, musculeux et bossus,
Paissent l'herbe salée et rampante des côtes.
Deux nègres d'Antongil, maigres, les reins courbés,
Les coudes aux genoux, les paumes aux mâchoires,
Dans l'abêtissement d'un long rêve absorbés,
Assis sur les jarrets, fument leurs pipes noires.

Mais, sentant venir l'ombre et l'heure de l'enclos,
Le chef accoutumé de la bande farouche,
Une bave d'argent aux deux coins de la bouche,
Tend son mufle camus, et beugle sur les flots.

Le Rêve du jaguar.

Sous les noirs acajous, les lianes en fleur,
Dans l'air lourd, immobile, et saturé de mouches,
Pendent, et, s'enroulant en bas parmi les souches,
Bercent le perroquet splendide et querelleur,
L'araignée au dos jaune et les singes farouches.
C'est là que le tueur de bœufs et de chevaux,
Le long des vieux troncs morts à l'écorce moussue,
Sinistre et fatigué, revient à pas égaux.
Il va, frottant ses reins musculeux qu'il bossue ;
Et, du mufle béant par la soif alourdi,
Un souffle rauque et bref, d'une brusque secousse,
Trouble les grands lézards, chauds des feux de midi,
Dont la fuite étincelle à travers l'herbe rousse.
En un creux du bois sombre interdit au soleil

Il s'affaisse, allongé sur quelque roche plate ;
D'un large coup de langue il se lustre la patte ;
Il cligne ses yeux d'or hébétés de sommeil ;
Et, dans l'illusion de ses forces inertes,
Faisant mouvoir sa queue et frissonner ses flancs,
Il rêve qu'au milieu des plantations vertes,
Il enfonce d'un bond ses ongles ruisselants
Dans la chair des taureaux effarés et beuglants.

Ultra cœlos.

Autrefois, quand l'essaim fougueux des premiers rêves
Sortait en tourbillons de mon cœur transporté;
Quand je restais couché sur le sable des grèves,
La face vers le ciel et vers la liberté;

Quand, chargé du parfum des hautes solitudes,
Le vent frais de la nuit passait dans l'air dormant,
Tandis qu'avec lenteur, versant ses flots moins rudes,
La mer calme grondait mélancoliquement;

Quand les astres muets, entrelaçant leurs flammes,
Et toujours jaillissant de l'espace sans fin,
Comme une grêle d'or pétillaient sur les lames
Ou remontaient nager dans l'océan divin;

Incliné sur le gouffre inconnu de la vie,
Palpitant de terreur joyeuse et de désir,
Quand j'embrassais dans une irrésistible envie
L'ombre de tous les biens que je n'ai pu saisir ;

O nuits du ciel natal, parfums des vertes cimes,
Noirs feuillages emplis d'un vague et long soupir,
Et vous, mondes, brûlant dans vos steppes sublimes,
Et vous, flots qui chantiez, près de vous assoupir !

Ravissements des sens, vertiges magnétiques
Où l'on roule sans peur, sans pensée et sans voix !
Inertes voluptés des ascètes antiques
Assis, les yeux ouverts, cent ans, au fond des bois !

Nature ! Immensité si tranquille et si belle,
Majestueux abîme où dort l'oubli sacré,
Que ne me plongeais-tu dans ta paix immortelle
Quand je n'avais encor ni souffert ni pleuré ?

Laissant ce corps d'une heure errer à l'aventure,
Par le torrent banal de la foule emporté,
Que n'en détachais-tu l'âme en fleur, ô Nature,
Pour l'absorber dans ton impassible beauté ?

Je n'aurais pas senti le poids des ans funèbres ;
Ni sombre, ni joyeux, ni vainqueur, ni vaincu,
J'aurais passé par la lumière et les ténèbres,
Aveugle comme un Dieu : je n'aurais pas vécu !

Mais, ô Nature, hélas ! ce n'est point toi qu'on aime :
Tu ne fais point couler nos pleurs et notre sang,
Tu n'entends point nos cris d'amour ou d'anathème,
Tu ne recules point en nous éblouissant !

Ta coupe toujours pleine est trop près de nos lèvres ;
C'est le calice amer du désir qu'il nous faut !
C'est le clairon fatal qui sonne dans nos fièvres :
Debout ! Marchez, courez, volez, plus loin, plus haut !

Ne vous arrêtez pas, ô larves vagabondes ;
Tourbillonnez sans cesse, innombrables essaims !
Pieds sanglants, gravissez les degrés d'or des mondes ;
O cœurs pleins de sanglots, battez en d'autres seins !

Non ! Ce n'était point toi, solitude infinie,
Dont j'écoutais jadis l'ineffable concert ;
C'était lui qui fouettait de son âpre harmonie
L'enfant songeur couché sur le sable désert.

C'est lui qui dans mon cœur éclate et vibre encore
Comme un appel guerrier pour un combat nouveau !
Va ! nous t'obéirons, voix profonde et sonore,
Par qui l'âme, d'un bond, brise le noir tombeau !

A de lointains soleils allons montrer nos chaînes,
Allons combattre encor, penser, aimer, souffrir ;
Et, savourant l'horreur des tortures humaines,
Vivons, puisqu'on ne peut oublier ni mourir !

Le Colibri.

Le vert colibri, le roi des collines,
Voyant la rosée et le soleil clair
Luire dans son nid tissé d'herbes fines,
Comme un frais rayon s'échappe dans l'air.

Il se hâte et vole aux sources voisines
Où les bambous font le bruit de la mer,
Où l'açoka rouge, aux odeurs divines,
S'ouvre et porte au cœur un humide éclair.

Vers la fleur dorée il descend, se pose,
Et boit tant d'amour dans la coupe rose,
Qu'il meurt, ne sachant s'il l'a pu tarir !

Sur ta lèvre pure, ô ma bien-aimée,
Telle aussi mon âme eût voulu mourir
Du premier baiser qui l'a parfumée !

Les Montreurs.

Tel qu'un morne animal, meurtri, plein de poussière,
La chaîne au cou, hurlant au chaud soleil d'été,
Promène qui voudra son cœur ensanglanté
Sur ton pavé cynique, ô plèbe carnassière!

Pour mettre un feu stérile en ton œil hébété,
Pour mendier ton rire ou ta pitié grossière,
Déchire qui voudra la robe de lumière
De la pudeur divine et de la volupté.

Dans mon orgueil muet, dans ma tombe sans gloire,
Dussé-je m'engloutir pour l'éternité noire,
Je ne te vendrai pas mon ivresse ou mon mal,

Je ne livrerai pas ma vie à tes huées,
Je ne danserai pas sur ton tréteau banal
Avec tes histrions et tes prostituées.

La Chute des étoiles.

Tombez, ô perles dénouées,
Pâles étoiles, dans la mer.
Un brouillard de roses nuées
Émerge de l'horizon clair ;
A l'Orient plein d'étincelles
Le vent joyeux bat de ses ailes
L'onde que brode un vif éclair.
Tombez, ô perles immortelles,
Pâles étoiles, dans la mer.

Plongez sous les écumes fraîches
De l'Océan mystérieux.
La lumière crible de flèches
Le faîte des monts radieux ;

Mille et mille cris, par fusées,
Sortent des bois lourds de rosées ;
Une musique vole aux cieux.
Plongez, de larmes arrosées,
Dans l'Océan mystérieux.

Fuyez, astres mélancoliques,
O Paradis lointains encor !
L'aurore aux lèvres métalliques
Rit dans le ciel et prend l'essor ;
Elle se vêt de molles flammes,
Et sur l'émeraude des lames
Fait pétiller des gouttes d'or.
Fuyez, mondes où vont les âmes,
O Paradis lointains encor !

Allez, étoiles, aux nuits douces,
Aux cieux muets de l'Occident.
Sur les feuillages et les mousses
Le soleil darde un œil ardent ;
Les cerfs par bonds, dans les vallées,
Se baignent aux sources troublées ;
Le bruit des hommes va grondant.
Allez, ô blanches exilées,
Aux cieux muets de l'Occident.

Heureux qui vous suit, clartés mornes,
O lampes qui versez l'oubli !

Comme vous, dans l'ombre sans bornes,
Heureux, qui roule enseveli !
Celui-là vers la paix s'élance :
Haine, amour, larmes, violence,
Ce qui fut l'homme est aboli.
Donnez-nous l'éternel silence,
O lampes qui versez l'oubli !

La Mort d'un lion.

Étant un vieux chasseur altéré de grand air
Et du sang noir des bœufs, il avait l'habitude
De contempler de haut les plaines et la mer,
Et de rugir en paix, libre en sa solitude.

Aussi, comme un damné qui rôde dans l'enfer,
Pour l'inepte plaisir de cette multitude
Il allait et venait dans sa cage de fer,
Heurtant les deux cloisons avec sa tête rude.

L'horrible sort, enfin, ne devant plus changer,
Il cessa brusquement de boire et de manger;
Et la mort emporta son âme vagabonde.

O cœur toujours en proie à la rébellion,
Qui tournes, haletant, dans la cage du monde,
Lâche, que ne fais-tu comme a fait ce lion?

Mille ans après.

L'âpre rugissement de la mer pleine d'ombres,
Cette nuit-là, grondait au fond des gorges noires;
Et tout échevelés, comme des spectres sombres,
De grands brouillards couraient le long des promontoires.

Le vent hurleur rompait en convulsives masses
Et sur les pics aigus éventrait les ténèbres,
Ivre, emportant par bonds dans les lames voraces
Les bandes des taureaux aux beuglements funèbres.

Semblable à quelque monstre énorme, épileptique,
Dont le poil se hérisse et dont la bave fume,
La montagne, debout dans le ciel frénétique,
Geignait affreusement, le ventre blanc d'écume.

Et j'écoutais, ravi, ces voix désespérées.
Vos divines chansons vibraient dans l'air sonore,
O jeunesse, ô désirs, ô visions sacrées,
Comme un chœur de clairons éclatant à l'aurore !

Hors du gouffre infernal, sans y rien laisser d'elle,
Parmi ces cris et ces angoisses et ces fièvres,
Mon âme en palpitant s'envolait d'un coup d'aile
Vers ton sourire, ô gloire ! et votre arome, ô lèvres !

La nuit terrible, avec sa formidable bouche,
Disait : — La vie est douce ; ouvre ses portes closes ! —
Et le vent me disait de son râle farouche :
— Adore ! Absorbe-toi dans la beauté des choses ! —

Voici qu'après mille ans, seul, à travers les âges,
Je retourne, ô terreur ! à ces heures joyeuses,
Et je n'entends plus rien que les sanglots sauvages
Et l'écroulement sourd des ombres furieuses.

Le Vœu suprême.

CERTES, ce monde est vieux, presque autant que l'enfer;
Bien des siècles sont morts depuis que l'homme pleure
Et qu'un âpre désir nous consume et nous leurre,
Plus ardent que le feu sans fin et plus amer.

Le mal est de trop vivre, et la mort est meilleure,
Soit que les poings liés on se jette à la mer,
Soit qu'en face du ciel, d'un œil ferme, et sur l'heure,
Foudroyé dans sa force, on tombe sous le fer.

Toi, dont la vieille terre est avide, je t'aime,
Brûlante effusion du brave et du martyr,
Où l'âme se retrempe au moment de partir!

O sang mystérieux, ô splendide baptême,
Puissé-je, aux cris hideux du vulgaire hébété,
Entrer, ceint de ta pourpre, en mon éternité!

Le Soir d'une bataille.

Tels que la haute mer contre les durs rivages
A la grande tuerie ils se sont tous rués,
Ivres et haletants, par les boulets troués,
En d'épais tourbillons pleins de clameurs sauvages.

Sous un large soleil d'été, de l'aube au soir,
Sans relâche, fauchant les blés, brisant les vignes,
Longs murs d'hommes, ils ont poussé leurs sombres lignes,
Et là, par blocs entiers, ils se sont laissés choir.

Puis ils se sont liés en étreintes féroces,
Le souffle au souffle uni, l'œil de haine chargé.
Le fer d'un sang fiévreux à l'aise s'est gorgé;
La cervelle a jailli sous la lourdeur des crosses.

Victorieux, vaincus, fantassins, cavaliers,
Les voici maintenant, blêmes, muets, farouches,
Les poings fermés, serrant les dents, et les yeux louches,
Dans la mort furieuse étendus par milliers.

La pluie, avec lenteur lavant leurs pâles faces,
Aux pentes du terrain fait murmurer ses eaux;
Et par la morne plaine où tourne un vol d'oiseaux
Le ciel d'un soir sinistre estompe au loin leurs masses.

Tous les cris se sont tus, les râles sont poussés.
Sur le sol bossué de tant de chair humaine,
Aux dernières lueurs du jour on voit à peine
Se tordre vaguement des corps entrelacés;

Et là-bas, du milieu de ce massacre immense,
Dressant son cou roidi, percé de coups de feu,
Un cheval jette au vent un rauque et triste adieu
Que la nuit fait courir à travers le silence.

O boucherie! ô soif du meurtre! acharnement
Horrible! odeur des morts qui suffoques et navres!
Soyez maudits devant ces cent mille cadavres
Et la stupide horreur de cet égorgement.

Mais, sous l'ardent soleil ou sur la plaine noire,
Si, heurtant de leur cœur la gueule du canon,
Ils sont morts, Liberté, ces braves, en ton nom,
Béni soit le sang pur qui fume vers ta gloire!

Aux Morts.

Après l'apothéose, après les gémonies,
Pour le vorace oubli marqués du même sceau,
Multitudes sans voix, vains noms, races finies,
Feuilles du noble chêne ou de l'humble arbrisseau;

Vous dont nul n'a connu les mornes agonies,
Vous qui brûliez d'un feu sacré dès le berceau,
Lâches, saints et héros, brutes, mâles génies,
Ajoutés au fumier des siècles par monceau;

O lugubres troupeaux des morts, je vous envie,
Si, quand l'immense espace est en proie à la vie,
Léguant votre misère à de vils héritiers,

Vous goûtez à jamais, hôtes d'un noir mystère,
L'irrévocable paix inconnue à la terre,
Et si la grande nuit vous garde tout entiers!

Le Dernier souvenir.

J'AI vécu, je suis mort. — Les yeux ouverts, je coule
Dans l'incommensurable abîme, sans rien voir,
Lent comme une agonie et lourd comme une foule.

Inerte, blême, au fond d'un lugubre entonnoir
Je descends d'heure en heure et d'année en année,
A travers le Muet, l'Immobile, le Noir.

Je songe, et ne sens plus. L'épreuve est terminée.
Qu'est-ce donc que la vie? Étais-je jeune, ou vieux?
Soleil! Amour! — Rien, rien. Va, chair abandonnée!

Tournoie, enfonce, va! Le vide est dans tes yeux,
Et l'oubli s'épaissit et t'absorbe à mesure.
Si je rêvais! Non, non, je suis bien mort. Tant mieux.

Mais ce spectre, ce cri, cette horrible blessure?
Cela dut m'arriver en des temps très-anciens.
O nuit! Nuit du néant, prends-moi! — La chose est sûr

Quelqu'un m'a dévoré le cœur. Je me souviens.

Les Damnés.

La terre était immense, et la nue était morne;
Et j'étais comme un mort en ma tombe enfermé,
Et j'entendais gémir dans l'espace sans borne
Ceux dont le cœur saigna pour avoir trop aimé :

Femmes, adolescents, hommes, vierges pâlies,
Nés aux siècles anciens, enfants des jours nouveaux,
Qui, rongés de désirs et de mélancolies,
Se dressaient devant moi du fond de leurs tombeaux.

Plus nombreux que les flots amoncelés aux grèves,
Dans un noir tourbillon de haine et de douleurs,
Tous ces suppliciés des impossibles rêves
Roulaient, comme la mer, les yeux brûlés de pleurs.

Et sombre, le front nu, les ailes flamboyantes,
Les flagellant encor de désirs furieux,
Derrière le troupeau des âmes défaillantes
Volait le vieil Amour, le premier-né des dieux.

De leur plainte irritant la lugubre harmonie,
Lui-même consumé du mal qu'il fait subir,
Il chassait, à travers l'étendue infinie,
Ceux qui sachant aimer n'en ont point su mourir.

Et moi, je me levais de ma tombe glacée;
Un souffle au milieu d'eux m'emportait sans retour;
Et j'allais, me mêlant à la course insensée,
Aux lamentations des damnés de l'amour.

O morts livrés aux fouets des tardives déesses,
O Titans enchaînés dans l'Érèbe éternel,
Heureux! vous ignoriez ces affreuses détresses,
Et vous n'aviez perdu que la terre et le ciel!

Fiat nox.

L'UNIVERSELLE mort ressemble au flux marin,
Tranquille ou furieux, n'ayant hâte ni trêve,
Qui s'enfle, gronde, roule et va de grève en grève,
Et sur les hauts rochers passe soir et matin.

Si la félicité de ce vain monde est brève,
Si le jour de l'angoisse est un siècle sans fin,
Quand notre pied trébuche à ce gouffre divin,
L'angoisse et le bonheur sont le rêve d'un rêve.

O cœur de l'homme, ô toi, misérable martyr,
Que dévore l'amour et que ronge la haine,
Toi qui veux être libre et qui baises ta chaîne!

Regarde! Le flot monte et vient pour t'engloutir!
Ton enfer va s'éteindre, et la noire marée
Va te verser l'oubli de son ombre sacrée.

In excelsis.

Mieux que l'aigle chasseur, familier de la nue,
Homme! monte par bonds dans l'air resplendissant.
La vieille terre, en bas, se tait et diminue.

Monte. Le clair abîme ouvre à ton vol puissant
Les houles de l'azur que le soleil flagelle.
Dans la brume, le globe, en bas, va s'enfonçant.

Monte. La flamme tremble et pâlit, le ciel gèle,
Un crépuscule morne étreint l'immensité.
Monte, monte et perds-toi dans la nuit éternelle:

Un gouffre calme, noir, informe, illimité,
L'évanouissement total de la matière
Avec l'inénarrable et pleine cécité.

Esprit! monte à ton tour vers l'unique lumière,
Laisse mourir en bas tous les anciens flambeaux,
Monte où la Source en feu brûle et jaillit entière.

De rêve en rêve, va! des meilleurs aux plus beaux.
Pour gravir les degrés de l'Échelle infinie,
Foule les dieux couchés dans leurs sacrés tombeaux.

L'intelligible cesse, et voici l'agonie,
Le mépris de soi-même, et l'ombre, et le remord,
Et le renoncement furieux du génie.

Lumière, où donc es-tu? Peut-être dans la mort.

La Mort du soleil.

Le vent d'automne, aux bruits lointains des mers pareil,
Plein d'adieux solennels, de plaintes inconnues,
Balance tristement le long des avenues
Les lourds massifs rougis de ton sang, ô soleil!

La feuille en tourbillons s'envole par les nues;
Et l'on voit osciller, dans un fleuve vermeil,
Aux approches du soir inclinés au sommeil,
De grands nids teints de pourpre au bout des branches nues.

Tombe, Astre glorieux, source et flambeau du jour!
Ta gloire en nappes d'or coule de ta blessure,
Comme d'un sein puissant tombe un suprême amour

Meurs donc, tu renaîtras! L'espérance en est sûre.
Mais qui rendra la vie et la flamme et la voix
Au cœur qui s'est brisé pour la dernière fois?

Les Spectres.

I

TROIS spectres familiers hantent mes heures sombres.
Sans relâche, à jamais, perpétuellement,
Du rêve de ma vie ils traversent les ombres.

Je les regarde avec angoisse et tremblement,
Ils se suivent, muets comme il convient aux âmes,
Et mon cœur se contracte et saigne en les nommant.

Ces magnétiques yeux, plus aigus que des lames,
Me blessent fibre à fibre et filtrent dans ma chair;
La moelle de mes os gèle à leurs mornes flammes.

Sur ces lèvres sans voix éclate un rire amer.
Ils m'entraînent, parmi la ronce et les décombres,
Très-loin, par un ciel lourd et terne de l'hiver.

Trois spectres familiers hantent mes heures sombres.

II

Ces spectres! on dirait en vérité des morts,
Tant leur face est livide et leurs mains sont glacées.
Ils vivent cependant : ce sont mes trois remords.

Que ne puis-je tarir le flot de mes pensées,
Et dans l'abîme noir et vengeur de l'oubli
Noyer le souvenir des ivresses passées!

J'ai brûlé les parfums dont vous m'aviez empli;
Le flambeau s'est éteint sur l'autel en ruines;
Tout, fumée et poussière, est bien enseveli.

Rien ne renaîtra plus de tant de fleurs divines,
Car du rosier céleste, hélas! sans trop d'efforts
Vous avez bu la sève et tranché les racines;

Ces spectres! on dirait en vérité des morts!

III

Les trois spectres sont là qui dardent leurs prunelles.
Je revois le soleil des paradis perdus!
L'espérance sacrée en chantant bat des ailes!

Et vous, vers qui montaient mes désirs éperdus,
Chères âmes, parlez, je vous ai tant aimées!
Ne me rendrez-vous plus les biens qui me sont dus?

Au nom de cet amour dont vous fûtes charmées,
Laissez comme autrefois rayonner vos beaux yeux;
Déroulez sur mon cœur vos tresses parfumées!

Mais tandis que la nuit lugubre étreint les cieux,
Debout, se détachant de ces brumes mortelles,
Les voici devant moi, blancs et silencieux.

Les trois spectres sont là qui dardent leurs prunelles.

IV

Oui! le dogme terrible, ô mon cœur, a raison!
En vain les songes d'or y versent leurs délices,
Dans la coupe où tu bois nage un secret poison.

Tout homme est revêtu d'invisibles cilices;
Et dans l'enivrement de la félicité
La guêpe du désir ravive nos supplices.

Frémirons-nous toujours sous ce vol irrité?
N'arracherons-nous point ce dard qui nous torture?
Ni dans ce monde, ni dans notre éternité.

La vieille Illusion fait de nous sa pâture;
Nul captif n'atteindra le seuil de sa prison,
Et la guêpe est au sein de l'immense nature.

Oui! le dogme terrible, ô mon cœur, a raison.

Le Vent froid de la nuit.

Le vent froid de la nuit siffle à travers les branches,
Et casse par moments les rameaux desséchés ;
La neige, sur la plaine où les morts sont couchés,
Comme un suaire étend au loin ses nappes blanches.

En ligne noire, au bord de l'étroit horizon,
Un long vol de corbeaux passe en rasant la terre,
Et quelques chiens, creusant un tertre solitaire,
Entre-choquent les os dans le rude gazon.

J'entends gémir les morts sous les herbes froissées.
O pâles habitants de la nuit sans réveil,
Quel amer souvenir, troublant votre sommeil,
S'échappe en lourds sanglots de vos lèvres glacées ?

Oubliez, oubliez! Vos cœurs sont consumés;
De sang et de chaleur vos artères sont vides.
O morts, morts bienheureux, en proie aux vers avides,
Souvenez-vous plutôt de la vie, et dormez!

Ah! dans vos lits profonds quand je pourrai descendre,
Comme un forçat vieilli qui voit tomber ses fers,
Que j'aimerai sentir, libre des maux soufferts,
Ce qui fut moi rentrer dans la commune cendre!

Mais, ô songe! Les morts se taisent dans leur nuit.
C'est le vent, c'est l'effort des chiens à leur pâture;
C'est ton morne soupir, implacable nature!
C'est mon cœur ulcéré qui pleure et qui gémit.

Tais-toi. Le ciel est sourd, la terre te dédaigne.
A quoi bon tant de pleurs si tu ne peux guérir?
Sois comme un loup blessé qui se tait pour mourir,
Et qui mord le couteau, de sa gueule qui saigne.

Encore une torture, encore un battement,
Puis, rien. La fosse s'ouvre, un peu de chair y tombe,
Et l'herbe de l'oubli, cachant bientôt la tombe,
Sur tant de vanité croît éternellement.

La Dernière vision.

Un long silence pend de l'immobile nue.
La neige, bossuant ses plis amoncelés,
Linceul rigide, étreint les océans gelés.
La face de la terre est absolument nue.

Point de villes, dont l'âge a rompu les étais,
Qui s'effondrent par blocs confus que mord le lierre.
Des lieux où tournoyait l'active fourmilière
Pas un débris qui parle et qui dise : J'étais !

Ni sonnantes forêts, ni mers des vents battues.
Vraiment, la race humaine et tous les animaux
Du sinistre anathème ont épuisé les maux.
Les temps sont accomplis : les choses se sont tues.

Comme, du faite plat d'un grand sépulcre ancien,
La lampe dont blêmit la lueur vagabonde,
Plein d'ennui, palpitant sur le désert du monde,
Le soleil qui se meurt regarde et ne voit rien.

Un monstre insatiable a dévoré la vie.
Astres resplendissants des cieux, soyez témoins!
C'est à vous de frémir, car ici-bas, du moins,
L'affreux spectre, la goule horrible est assouvie.

Vertu, douleur, pensée, espérance, remords,
Amour qui traversais l'univers d'un coup d'aile,
Qu'êtes-vous devenus? L'âme, qu'a-t-on fait d'elle?
Qu'a-t-on fait de l'esprit silencieux des morts?

Tout! Tout a disparu, sans échos et sans traces,
Avec le souvenir du monde jeune et beau.
Les siècles ont scellé dans le même tombeau
L'illusion divine et la rumeur des races.

O soleil! vieil ami des antiques chanteurs,
Père des bois, des blés, des fleurs et des rosées,
Éteins donc brusquement tes flammes épuisées,
Comme un feu de berger perdu sur les hauteurs.

Que tardes-tu? La terre est desséchée et morte:
Fais comme elle, va, meurs! Pourquoi survivre encor?
Les globes détachés de ta ceinture d'or
Volent, poussière éparse, au vent qui les emporte.

Et, d'heure en heure aussi, vous vous engloutirez,
O tourbillonnements d'étoiles éperdues,
Dans l'incommensurable effroi des étendues,
Dans les gouffres muets et noirs des cieux sacrés!

Et ce sera la Nuit aveugle, la grande Ombre
Informe, dans son vide et sa stérilité,
L'abîme pacifique où gît la vanité
De ce qui fut le temps, et l'espace et le nombre.

Les Rêves morts.

Vois ! cette mer si calme a comme un lourd bélier
Effondré tout un jour le flanc des promontoires,
Escaladé par bonds leur fumant escalier,
Et versé sur les rocs, qui hurlent sans plier,
Le frisson écumeux des longues houles noires.
Un vent frais, aujourd'hui, palpite sur les eaux ;
La beauté du soleil monte et les illumine,
Et vers l'horizon pur où nagent les vaisseaux,
De la côte azurée, un tourbillon d'oiseaux
S'échappe, en arpentant l'immensité divine.
Mais, parmi les varechs, aux pointes des îlots,
Ceux qu'a brisés l'assaut sans frein de la tourmente,
Livides et sanglants sous la lourdeur des flots,
La bouche ouverte et pleine encore de sanglots,

Dardent leurs yeux hagards à travers l'eau dormante.
Ami, ton cœur profond est tel que cette mer
Qui sur le sable fin déroule ses volutes :
Il a pleuré, rugi comme l'abîme amer,
Il s'est rué cent fois contre des rocs de fer,
Tout un long jour d'ivresse et d'effroyables luttes.
Maintenant il reflue, il s'apaise, il s'abat.
Sans peur et sans désir que l'ouragan renaisse,
Sous l'immortel soleil c'est à peine s'il bat ;
Mais génie, espérance, amour, force et jeunesse
Sont là, morts, dans l'écume et le sang du combat.

La Vipère.

Si les chastes amours avec respect louées
Éblouissent encor ta pensée et tes yeux,
N'effleure point les plis de leurs robes nouées,
Garde la pureté de ton rêve pieux.
Ces blanches visions, ces vierges que tu crées
Sont ta jeunesse en fleur épanouie au ciel!
Verse à leurs pieds le flot de tes larmes sacrées,
Brûle tous tes parfums sur leur mystique autel.
Mais si l'amer venin est entré dans tes veines,
Pâle de volupté pleurée et de langueur,
Tu chercheras en vain un remède à tes peines:
L'angoisse du néant te remplira le cœur.
Ployé sous ton fardeau de honte et de misère,
D'un exécrable mal ne vis pas consumé;
Arrache de ton sein la mortelle vipère,
Ou tais-toi, lâche, et meurs, meurs d'avoir trop aimé!

A l'Italie.

C'EST la marque et la loi du monde périssable
Que rien de grand n'assied, avec tranquillité,
Sur un faîte éternel sa fortune immuable

Mais, homme ou nation, nul n'est si haut porté
Qui ne puisse, au plus bas des chutes magnanimes,
Donner un mâle exemple à la postérité.

Toi qui, du passé sombre illuminant les cimes,
Emportais l'âme humaine en ton divin essor,
O fille du soleil, mère d'enfants sublimes!

Martyre au sein meurtri qui palpites encor,
Toi qui tends vers des cieux muets et sans mémoire,
Dans un sanglot sans fin, Muse, tes lèvres d'or!

Souviens-toi de ces jours sacrés de ton histoire
Où tu menais le chœur des peuples inhumains
De leur ombre sinistre à ton midi de gloire;

Où la vie ample et forte emplissait tes chemins;
Où tu faisais jaillir de la terre sonore
D'éclatantes cités écloses sous tes mains;

Où le vieil Orient, baigné par ton aurore,
Comme ses rois anciens au berceau de ton Dieu,
Faisait fumer l'encens à tes pieds qu'il adore;

Où, le cœur débordant de passions en feu,
D'Hellas, morte à jamais, tu consolais le monde;
Où tu courais, versant ta lumière en tout lieu!

Oh! comme tu nageais, jeune, ardente et féconde,
Dans ces flots immortels chers à la volupté!
Comme tu fleurissais sur la neige de l'onde!

Les peuples abondaient autour de ta beauté,
Pleins d'amour, allumant leur pensée à tes flammes,
Emportant ton parfum qui leur était resté!

Comme ils ont écouté tes mille épithalames!
Comme ils ont salué ce long enfantement,
Cet essaim glorieux de magnifiques âmes!

Et comme tu disais impérissablement,
Sur des modes nouveaux, à la terre charmée,
T'élançant de l'Enfer jusques au firmament,

Des forêts de la Gaule aux sables d'Idumée,
Les Anges, les damnés et les pieux combats
Et la tombe d'un Dieu de tes chants embaumée !

Les siècles t'ont connue ; ils ne t'oublieront pas !
Depuis la sainte Hellas, où donc est la rivale
Qui marqua comme toi l'empreinte de ses pas ?

Ah ! les destins t'ont fait une part sans égale !
Vois ! dix siècles durant, des vieux soleils au tien,
La nuit silencieuse emplit tout l'intervalle !

Et des esprits sacrés mystérieux lien,
Colombe, tu portais sur l'onde universelle
Le rameau d'olivier à l'univers ancien !

Qui donc a su tenir, d'une puissance telle,
Trempé dans le soleil, ou plus proche des cieux,
Le pinceau rayonnant et la lyre immortelle !

Abeille ! qui n'a bu ton miel délicieux ?
Reine ! qui n'a couvert tes pieds d'artiste et d'ange,
Dans un transport sacré, de ses baisers pieux ?

Mais, puisque sur ce globe où tout s'écroule et change,
Vivante, tu tombas de ce faîte si beau,
Est-ce un gémissement qui lavera ta fange?

Du jour où le Barbare, éteignant ton flambeau,
Ivre de ta beauté, sourd à ton agonie,
T'enferma dans l'opprobre ainsi qu'en un tombeau,

Bercés aux longs accents de ta plainte infinie,
Les peuples se sont fait un charme de tes pleurs,
Tant ta misère auguste est sœur de ton génie!

Tant tu leur as chanté, dans tes belles douleurs,
Le cantique éternel des races flagellées,
Tant l'épine à ton front s'épanouit en fleurs!

Fais silence, Victime aux hymnes désolées!
Le silence convient aux sublimes revers,
Et l'angoisse terrible a les lèvres scellées!

Farouche, le front pâle et les yeux grands ouverts,
Laisse se lamenter les nations serviles;
Sois comme une épouvante au sceptique univers!

Qu'il dise, contemplant de loin tes mornes villes,
Et tes temples muets, et ton sol infécond,
Et toi, tes longs cheveux souillés de cendres viles

— Elle couve son mal en un repos profond.
Elle ne pleure plus comme un troupeau d'esclaves ;
Et le fouet siffle et mord, et rien ne lui répond ! —

Mais plutôt, Italie ! ô nourrice des braves !
Sous ce même soleil qui féconda tes flancs,
Ne gis plus, le cœur sombre et les bras lourds d'entraves.

De tes plus nobles fils les fantômes sanglants
Assiégent ton sommeil d'impérissables haines,
Et tu songes tout bas : Les dieux vengeurs sont lents !

Les dieux vengeurs sont morts. Sèche tes larmes vaines ;
Ouvre le réservoir des outrages soufferts,
Verse les flots stagnants qui dorment dans tes veines.

Hérisse de fureur tes cheveux par les airs,
Reprends l'ongle et la dent de la louve du Tibre,
Et pousse un cri suprême en secouant tes fers.

Debout ! debout ! Agis ! Sois vivante, sois libre !
Quoi ! l'oppresseur stupide aux triomphants hourras
Respire encor ton air qui parfume et qui vibre !

Tu t'es sentie infâme, ô Vierge, entre ses bras !
Il ronge ton beau front de son impure écume,
Et tu subis son crime, et tu le subiras !

Ah ! par ton propre sang, ton noble sang qui fume,
Par tes siècles d'opprobre et d'angoisses sans fin,
Par tant de honte bue avec tant d'amertume ;

Par pitié pour tes fils suppliciés en vain,
Par ta chair maculée et ton âme avilie,
Par respect pour l'histoire et ton passé divin ;

Si tu ne peux revivre, et si le ciel t'oublie,
Donne à la liberté ton suprême soupir :
Lève-toi, lève-toi, magnanime Italie !

C'est l'heure du combat, c'est l'heure de mourir,
Et de voir, au bûcher de tes villes désertes,
De ton dernier regard la vengeance accourir !

Car peut-être qu'alors, sourde aux plaintes inertes,
Mais frappée en plein cœur d'un cri mâle jeté,
La France te viendra, les deux ailes ouvertes,

Par la route de l'aigle et de la Liberté !

Requies.

Comme un morne exilé, loin de ceux que j'aimais,
Je m'éloigne à pas lents des beaux jours de ma vie,
Du pays enchanté qu'on ne revoit jamais.
Sur la haute colline où la route dévie
Je m'arrête, et vois fuir à l'horizon dormant
Ma dernière espérance, et pleure amèrement.

O malheureux! crois-en ta muette détresse:
Rien ne refleurira, ton cœur ni ta jeunesse,
Au souvenir cruel de tes félicités.
Tourne plutôt les yeux vers l'angoisse nouvelle,
Et laisse retomber dans leur nuit éternelle
L'amour et le bonheur que tu n'as point goûtés.

Le temps n'a pas tenu ses promesses divines.
Tes yeux ne verront point reverdir tes ruines ;
Livre leur cendre morte au souffle de l'oubli.
Endors-toi sans tarder en ton repos suprême,
Et souviens-toi, vivant dans l'ombre enseveli,
Qu'il n'est plus dans ce monde un seul être qui t'aime.

La vie est ainsi faite, il nous la faut subir.
Le faible souffre et pleure, et l'insensé s'irrite ;
Mais le plus sage en rit, sachant qu'il doit mourir.
Rentre au tombeau muet où l'homme enfin s'abrite,
Et là, sans nul souci de la terre et du ciel,
Repose, ô malheureux, pour le temps éternel !

Paysage polaire.

Un monde mort, immense écume de la mer,
Gouffre d'ombre stérile et de lueurs spectrales,
Jet de pics convulsifs étirés en spirales
Qui vont éperdument dans le brouillard amer.

Un ciel rugueux roulant par blocs, un âpre enfer
Où passent à plein vol les clameurs sépulcrales,
Les rires, les sanglots, les cris aigus, les râles
Qu'un vent sinistre arrache à son clairon de fer.

Sur les hauts caps branlants, rongés de flots voraces,
Se roidissent les Dieux brumeux des vieilles races
Congelés dans leur rêve et leur lividité ;

Et les grands ours, blanchis par les neiges antiques,
Çà et là, balançant leurs cous épileptiques,
Ivres et monstrueux, bavent de volupté.

Le Corbeau.

Sérapion, abbé des onze monastères
D'Arsinoë, soumis aux trois règles austères,
Sous Valens, empereur des pays d'Orient,
Un soir, se promenait, méditant et priant,
Silencieux, le long des bas arceaux du cloître.
Le soleil disparu laissait les ombres croître
Du sein des oasis et des sables déserts;
Les astres s'éveillaient dans le bleu noir des airs;
Et, si n'était parfois, du fond des solitudes,
Quelques rugissements de lion, brefs et rudes,
Autour du monastère, en un repos complet,
Et dans le ciel, la nuit vaste se déroulait.

L'abbé Sérapion, d'un pas lent, sur les dalles,
Marchait, faisant sonner le cuir de ses sandales,
Anxieux de l'Édit impérial, lequel

Était une épouvante aux serviteurs du ciel,
Ordonnant d'enrôler, par légions subites,
Pour la guerre des Goths, cent mille cénobites.
Car, en ce temps-là, ceux qui, dans le monde épars,
Cherchaient l'oubli du siècle en Dieu, de toutes parts,
En haute et basse Égypte abondaient, vieux et jeunes,
Afin d'être sauvés par prières et jeûnes.
Et c'est pourquoi l'Édit signé de l'Empereur
Emplissait les couvents de trouble et de terreur;
Et toute chair saignait sous de plus lourds cilices,
Pour désarmer Jésus touché par ces supplices.
Or l'Abbé méditait sur cela, d'un esprit
Plein d'angoisse, et priait pour son troupeau proscrit,
Levant les bras au ciel et disant : — Dieu m'assiste! —
Mais, comme il s'en allait, le front bas, l'âme triste,
Dans l'ombre des arceaux, voici qu'il entendit
Brusquement une voix très-rauque qui lui dit :
— Vénérable seigneur, soyez-moi pitoyable! —
Et l'Abbé se signa, croyant ouïr le Diable,
Et ne vit rien, le cloître étant sombre d'ailleurs.
La voix sinistre dit : — J'ai vu des temps meilleurs ;
J'ai fait de beaux festins! Et, par une loi dure,
Aujourd'hui c'est la faim sans trêve que j'endure.
Or, mon pieux seigneur, n'en soyez étonné,
J'étais déjà très-vieux quand Abraham est né. —

— Au nom du roi Jésus, démon ou créature
Qui m'implores avec cette étrange imposture,

Qui que tu sois enfin qui me parles ainsi,
Viens ! dit l'Abbé. — Seigneur, dit l'autre, me voici.
Et sur la balustrade, aussitôt, une forme
Devant Sérapion se laissa choir, énorme ;
Un oiseau gauche et lourd, l'aile ouverte à demi,
Mais dont les yeux flambaient sous le cloître endormi.
L'Abbé vit que c'était un corbeau d'une espèce
Géante. L'âge avait tordu la corne épaisse
Du bec, et, par endroits, le corps tout déplumé
D'une affreuse maigreur paraissait consumé.
Certes la foi du Moine était vive et robuste ;
Il savait que la grâce est le rempart du juste ;
Mais, n'ayant jamais eu de telle vision,
Il se sentit frémir en cette occasion.
Et les yeux de la Bête éclairaient les ténèbres,
Tandis qu'elle agitait ses deux ailes funèbres.

Sérapion lui dit : — Si ton nom est Satan,
Démon, chien, réprouvé, je te maudis ! Va-t'en !
Par la vertu du Christ, le rédempteur des âmes,
Je te chasse : retombe aux éternelles flammes ! —
Et, ce disant, il fit un grand signe de croix.
— Je ne suis point celui, saint Abbé, que tu crois,
Dit l'Oiseau noir, riant d'un sombre et mauvais rire ;
Ne dépense donc point le temps à me maudire.
Je suis né corbeau, Maître, et tel que me voilà,
Mais il y a beaucoup de siècles de cela.
La famine me ronge, et je veux de ta grâce

Quelque peu de chair maigre à défaut de chair grasse,
Seigneur Moine, en retour, je te dirai comment
J'apporte un sûr remède à ton secret tourment. —

— Nous ne touchons jamais, selon nos saintes règles,
Aux pâtures des loups, des corbeaux et des aigles,
Dit l'Abbé. Va rôder, si tu veux de la chair,
Sur les champs de bataille où moissonne l'Enfer.
Ici, pour réparer ta faim et tes fatigues,
Tu n'aurais qu'un morceau de pain noir et des figues.
— Soit! dit le vieil Oiseau, je ne suis point friand;
Et toute nourriture est bonne au mendiant
Qu'un dur jeûne depuis trois siècles ronge et brûle.
— Suis-moi donc, dit l'Abbé, jusques en ma cellule. —
Et l'autre, tout joyeux de l'invitation,
Par les noirs corridors suivit Sérapion.

Quand il eut dévoré pain dur et figues sèches,
Le Corbeau secoua comme un faisceau de flèches
Les plumes de son dos maigre, et, fermant les yeux,
Parut mettre en oubli le Moine soucieux.
Celui-ci, bras croisés sous sa robe grossière,
Regardait fixement la bête carnassière,
Et murmurait : — Jésus! dépistez, ô Seigneur,
Les embûches du Diable autour de mon honneur!
Saints Anges! tout ceci n'est point chose ordinaire.
Que me veut cet oiseau mille fois centenaire?

Nul vivant n'a reçu d'hôte plus singulier.
Abritez-moi, Seigneur, sous votre bouclier! —
Or, tandis que l'Abbé méditait de la sorte,
Le Corbeau tout à coup lui dit d'une voix forte :
— Je ne dors point, ainsi que vous l'avez pensé,
Vénérable Rabbi; je rêvais du passé,
Me demandant de quoi les âmes étaient faites.
J'ai connu, dans leur temps, tous les anciens prophètes
Qui, certes, l'ignoraient. — Parle sans blasphémer,
Dit le Moine, ou l'Enfer puisse te consumer!
Que t'importe, chair vile, inerte pourriture,
Qui rentreras bientôt dans l'aveugle nature
Avec l'argile et l'eau de la pluie et le vent,
Vaine ombre, indifférente aux yeux du Dieu vivant,
A toi qui n'es que fange avant d'être poussière,
Le royaume où les Saints siégent dans la lumière?
Le lion, le corbeau, l'aigle, l'âne et le chien,
Qu'est-ce que tout cela dans la mort, sinon rien? —

— Seigneur, dit le Corbeau, vous parlez comme un homme
Sûr de se réveiller après le dernier somme;
Mais j'ai vu force Rois et des peuples entiers
Qui n'allaient point de vie à trépas volontiers.
A vrai dire, ils semblaient peu certains, à cette heure,
De sortir promptement de leur noire demeure.
En outre, sachez-le, j'en ai mangé beaucoup,
Et leur âme avec eux, Maître, du même coup.
— Vil païen, dit l'Abbé, quand la chair insensible

Est morte, l'âme au ciel ouvre une aile invisible.
De sa grâce, aussi bien, Dieu ne t'a point pourvu
Pour voir ce que les Saints et les Anges ont vu!
Les esprits, dans l'azur, comme autant de colombes,
Au soleil éternel tournoyant hors des tombes!
Et c'est la vérité. — Pour moi, dit le Corbeau,
J'en doute fort, n'ayant point reçu ce flambeau.
Ainsi soit-il, pourtant, si la chose est notoire.
Mais vous plaît-il d'ouvrir l'oreille à mon histoire,
Seigneur, et de m'entendre en ma confession?
J'ai, ce soir, grand besoin d'une absolution.
— J'écoute, dit le Moine. Heureux qui s'humilie,
Car le vrai repentir nous lave et nous délie,
Et réjouit le cœur des anges dans les cieux!
— Je le prends de très-haut, mon Maître, étant très-vieux!

En ce temps-là, seigneur Abbé, l'Eau solitaire
Avait noyé la race humaine avec la terre,
Et, par delà le faîte escaladé des monts,
Haussait jusques au ciel sa bave et ses limons.
Ce fut le dernier jour des rois et des empires
Antiques. S'ils étaient meilleurs, s'ils étaient pires
Que ceux-ci, je ne sais. Leurs vertus ou leurs torts
Importent peu d'ailleurs du moment qu'ils sont morts.
— Ils étaient fort pervers, dit le Moine, et leur Juge
Les noya justement dans les eaux du Déluge;
C'était un monde impie, où, grâce au Suborneur,

La femme séduisit les Anges du Seigneur.
— J'y consens, dit l'Oiseau, ce n'est point mon affaire,
Et celui qui le fit n'avait qu'à le mieux faire;
Toujours est-il qu'il s'en était débarrassé.
Le monde ancien, Seigneur, étant donc trépassé,
L'arche immense flottait depuis quarante aurores,
Et l'océan sans fin, heurtant ses flancs sonores,
Dans la brume des cieux y berçait lourdement
Tout ce qui survivait à l'engloutissement.
Et j'étais là, parmi les espèces sans nombre,
Et j'attendais mon heure, immobile dans l'ombre.
Un jour, ayant tari leur vaste réservoir,
Les torrents épuisés cessèrent de pleuvoir;
Le soleil resplendit à l'orient de l'arche;
L'abîme décrut: — Va, me dit le Patriarche,
Et, si quelque montagne émerge au loin des mers,
Apprends-nous qu'Iahvèh pardonne à l'univers. —
Je pris mon vol, joyeux de fuir à tire-d'ailes,
Et j'allais effleurant les eaux universelles;
Et depuis, je ne sais, n'étant point revenu,
Ce que le noir vaisseau de l'homme est devenu.
— Ce fut là, dit le Moine, une action mauvaise.
— Seigneur, dit le Corbeau, c'est que, ne vous déplaise,
Aimant à voyager dans ma jeune saison,
Je respirais bien mieux au grand air qu'en prison.

Je vis bientôt, Rabbi, poindre des cimes vertes
Qui fumaient au soleil, d'algue épaisse couvertes;

Et je m'y vins percher sur un grand cèdre noir,
D'où je pouvais planer dans l'espace et mieux voir.
Et j'attendis trois jours avec trois nuits entières,
Et le soleil encore épandit ses lumières,
Et je vis que la mer, reprenant son niveau,
Avait laissé renaître un univers nouveau,
Mais vide, tout souillé des écumes marines,
Et comme hérissé d'effroyables ruines.
Au bas de la montagne où j'étais arrêté,
Dormait dans la vapeur une énorme cité
Aux murs de terre rouge étagés en terrasses
Et bâtis par le bras puissant des vieilles races.
Écroulés sous le faix des flots démesurés,
Ces murs avaient heurté ces palais effondrés
Où les varechs visqueux, emplis de coquillages,
Pendant le long des toits comme de noirs feuillages,
Au travers des plafonds tombaient par blocs confus,
Enlacés en spirale épaisse autour des fûts,
Et faisant des manteaux de limons et de fanges
Aux cadavres géants des Rois, enfants des Anges.
Et j'en vis deux, seigneur Abbé, debout encor
Sur un trône, et liés avec des chaînes d'or :
Un homme au front superbe, à la haute stature,
Qui, de ses bras nerveux, comme d'une ceinture,
Pressait contre son sein une femme aux grands yeux
Qui semblait contempler son amant glorieux ;
Et je lus sur sa bouche entr'ouverte et glacée
Le bonheur de mourir par ces bras enlacée.

Lui, le cou ferme et droit, dompté, mais non vaincu,
Et sans peur dans la mort comme il avait vécu,
Avait tout préservé de ce commun naufrage,
Sa beauté, son orgueil, sa force et son courage.
Autour de la cité muette un lac gisait
Où le soleil sinistre avec horreur luisait,
Gouffre de vase, plein de colossales bêtes
Inertes et montrant leurs ventres ou leurs têtes.
Ours, énormes lézards, immenses éléphants,
A demi submergés par ces flots étouffants,
Grands aigles fatigués de planer dans les nues
Et de ne plus trouver les montagnes connues,
Taureaux ouvrant encor leurs convulsifs naseaux,
Léviathans surpris par la fuite des eaux,
Tous les vieux habitants de la terre féconde
Avec l'homme gonflaient au loin la boue immonde,
Et de chaudes vapeurs s'épandaient dans les vents.
Or, sachant que les morts sont pâture aux vivants,
Je vécus là, seigneur Abbé, beaucoup d'années,
Très-joyeux, bénissant les bonnes destinées
Et l'abondant travail de la mer; car enfin,
Homme ou corbeau, manger est doux quand on a faim

Depuis bien des soleils, dans cette solitude,
Je coulais des jours pleins de molle quiétude,
Quand un soir, du sommet de l'arbre accoutumé,

Je vis, vers l'Orient brusquement enflammé,
Au sein d'un tourbillon de splendeurs inconnues,
Un fantôme puissant qui venait par les nues.
Ses ailes battaient l'air immense autour de lui;
Ses cheveux flamboyaient dans le ciel ébloui;
Et, les bras étendus, d'une haleine profonde
Il chassait les vapeurs qui pesaient sur le monde.
Aux limpides clartés de ses regards d'azur,
L'eau vive étincelait dans le marais impur
Ombragé de roseaux, rougi de fleurs soudaines;
Les monts brûlaient, bûchers des dépouilles humaines;
Et, jaillissant des rocs où leur germe était clos,
Les fleuves nourriciers multipliaient leurs flots,
Épanchant leur fraîcheur aux arides vallées
Toutes chaudes encor des écumes salées.
Et l'espace tourna dans mes yeux, saint Abbé,
Et, comme un mort, au pied du cèdre je tombai.

Qui sait combien dura ce long sommeil sans trêve?
Mais qu'est-ce que le temps, sinon l'ombre d'un rêve?
Quand je me réveillai, quelques siècles après,
Ce fut sous l'ombre noire et sans fin des forêts.
Tout avait disparu : la ville aux blocs superbes
S'était disséminée en poudre sous les herbes;
Et comme je planais sur les feuillages verts,
Je vis que l'homme avait reconquis l'univers.
J'entendis des clameurs féroces et sauvages
De tous les horizons rouler par les nuages;

Et, du nord au midi, de l'est à l'occident,
Ivres de leur fureur, œil pour œil, dent pour dent,
Avec l'âpre sanglot des étreintes mortelles,
Jours et nuits, se heurtaient les nations nouvelles.
Les traits sifflaient au loin, les masses aux nœuds dur
Brisaient les fronts guerriers ainsi que des fruits mûr
Les femmes, les vieillards sanglants dans la poussière,
Et les petits enfants écrasés sur la pierre
Attestaient que les flots du Déluge récent
Avaient purifié le monde renaissant!
Ah! ah! les blêmes chairs des races égorgées,
De corbeaux, de vautours et d'aigles assiégées,
Exhalaient leurs parfums dans le ciel radieux
Comme un grand holocauste offert aux nouveaux Dieu
— Ne t'en réjouis pas, rebut de la géhenne!
Dit le Moine. Aveuglé par l'envie et la haine,
Tu n'as pu voir, maudit, dans l'univers ancien,
Que les œuvres du mal et non celles du bien,
Et tu ne regardais, ô bête inexorable,
La pauvre humanité que par les yeux du Diable!
— Hélas! je crois, Seigneur, en y réfléchissant,
Que l'homme a toujours eu soif de son propre sang,
Comme moi le désir de sa chair vive ou morte.
C'est un goût naturel qui tous deux nous emporte
Vers l'accomplissement de notre double vœu.
Le Diable n'y peut rien, Maître, non plus que Dieu;
Et j'estime aussi peu, sans haine et sans envie,
Les choses de la mort que celles de la vie.

Dans sa sincérité, voilà mon sentiment,
Et si j'ai ri, c'était, Seigneur, innocemment. —

— Roi des anges, Seigneur Jésus, mon divin Maître,
Dit le Moine, liez la langue de ce traître!
Aussi bien il blasphème et raille sans merci.
— Pieux Abbé, ne vous irritez point ainsi.
Songez que n'étant rien qu'un peu de chair sans âme,
Je ne puis mériter ni louange, ni blâme;
Et que, si je me tais, vous conduirez demain
Cent mille moines, casque en tête et pique en main.
Ce seront de fort beaux guerriers dans la bataille,
Qui verseront un sang bénit à chaque entaille,
Et, morts, s'envoleront sans tarder droit au ciel;
Car, selon vous, Rabbi, c'est là l'essentiel.
— Va! dit Sérapion, Dieu sans doute commande,
Pour expier mes lourds péchés, que je t'entende.
Parle donc, et poursuis sans plus argumenter,
Car le temps du salut se perd à t'écouter. —

— Maître, les jours passaient; et j'avançais en âge,
Ivre du sang versé sur les champs de carnage,
Toujours robuste et fort comme au siècle lointain
Où sur les sombres eaux resplendit le matin.
Et les hommes croissaient, vivaient, mouraient, semblables
À des rêves, amas de choses périssables

Que le vent éternel des impassibles cieux
Balayait dans l'oubli morne et silencieux ;
Et les forêts germaient, et rentraient dans la boue
Leurs troncs écartelés où la foudre se joue,
Ne laissant que le sable aride et le rocher
Où je vis la rosée et l'ombre s'épancher.
Les cités, de porphyre et de ciments bâties,
S'écroulaient sous mes yeux, pour jamais englouties;
Les tempêtes vannaient leur poussière, et la nuit
Du néant étouffait le vain nom qui les suit,
Avec le souvenir de leurs langues antiques
Et le sens disparu des pages granitiques.
Enfin, seigneur Abbé, germe mystérieux
De siècle en siècle éclos, j'ai vu naître des Dieux,
Et j'en ai vu mourir ! Les mers, les monts, les plaines
En versaient par milliers aux visions humaines ;
Ils se multipliaient dans la flamme et dans l'air,
Les uns armés du glaive et d'autres de l'éclair,
Jeunes et vieux, cruels, indulgents, beaux, horribles,
Faits de marbre ou d'ivoire, et tantôt invisibles,
Adorés et haïs, et sûrs d'être immortels !
Et voici que le temps ébranlait leurs autels,
Que la haine grondait au milieu de leurs fêtes,
Que le monde en révolte égorgeait leurs prophètes,
Que le rire insulteur, plus amer que la mort,
Vers l'abîme commun précipitait leur sort ;
Et qu'ils tombaient, honnis, survivant à leur gloire,
Dieux déchus, dans la fosse irrévocable et noire;

Et d'autres renaissaient de leur cendre, et toujours
Hommes et Dieux roulaient dans le torrent des jours.

Moi, je vivais, voyant ce tourbillon d'images
Se dissiper au vent de mes ailes sauvages,
Calme, heureux, sans regrets, et ne reconnaissant
Ces spectres qu'à l'odeur de la chair et du sang.
Je vivais ! tout mourait par les cieux et les mondes;
Je vivais, promenant mes courses vagabondes
Des cimes du Caucase aux cèdres du Carmel,
De l'univers mobile habitant éternel,
Et du banquet immense immuable convive,
Me disant : Si tout meurt, c'est afin que je vive !
Et je vivais ! Ah ! ah ! seigneur Sérapion,
En ces beaux siècles, sauf votre permission,
Si pleins d'écroulements et de clameurs de guerre,
Dans ma félicité je ne prévoyais guère
Qu'il viendrait un jour sombre où le mauvais destin
Me frapperait au seuil de mon meilleur festin,
Et que je traînerais, plus de trois cents années,
Au sentier de la faim mes ailes décharnées,
Maudit soit ce jour-là parmi les jours passés
Et futurs, où m'ont pris ces désirs insensés !
Maudit soit-il, de l'aube au soir, dans sa lumière
Et son ombre, dans sa chaleur et sa poussière,
Et dans tous les vivants qui virent son éveil
Et le lugubre éclat de son morne soleil
Et sa fin ! Oui, maudit soit-il, et qu'il n'en reste

Qu'un souvenir plus sombre encore et plus funeste,
Qui soit, ainsi que lui, septante fois maudit! —

Le Corbeau, hérissant ses plumes, ayant dit
Cet anathème avec beaucoup de violence,
Garda quelques instants un sinistre silence,
Comme accablé d'un lourd désespoir et d'effroi.
— Donc, le bras du Très-Haut s'est abattu sur toi,
Dit le Moine, et, vengeant d'innombrables victimes,
Corbeau hideux, il t'a flagellé de tes crimes?
— Rabbi, dit le Corbeau, n'est-il point d'équité
De ne punir jamais qu'un dessein médité,
L'intention mauvaise et non le fait unique?
Certes, mon châtiment fut une chose inique,
Car je ne savais point, Maître, et j'obéissais
A ma nature, sans colère et sans excès.
— Qu'as-tu fait? dit le Moine. Achève, la nuit passe,
Et les astres déjà s'inclinent dans l'espace.
— Seigneur, dit l'Oiseau noir agité de terreur,
Ceci m'advint du temps de Tibère, empereur,
Un jour que je cherchais ma proie accoutumée
En planant au-dessus des villes d'Idumée,
Un grand vent m'emporta. C'était un vendredi,
Autant qu'il m'en souvienne, et dans l'après-midi;
Et je vis trois gibets sur la colline haute
Et trois suppliciés qui pendaient côte à côte.
— Miséricorde! dit le Moine tout en pleurs,
C'était le Roi Jésus entre les deux voleurs!

— Cette colline, dit l'Oiseau, très-âpre et nue,
Silencieusement se dressait dans la nue.
Un nuage rougi par le soleil couchant,
Immobile dans l'air poudreux et desséchant,
Pesait de tout son poids sur ce morne ossuaire,
Comme sur un sépulcre un granit mortuaire.
Et la hauteur était déserte autour des croix
Où deux des condamnés hurlaient à pleines voix
Par un râle plus sourd souvent interrompues,
Et se tordaient, ayant les deux cuisses rompues.
Mais le troisième, Maître, une ouverture au flanc,
Attaché par trois clous à son gibet sanglant,
Ceint de ronces, meurtri par les coups de lanières,
Reposait au sortir des angoisses dernières,
Allongeant ses bras morts et ployant les genoux.
Il était jeune et beau, sa tête aux cheveux roux
Dormait paisiblement sur l'épaule inclinée,
Et, d'un mystérieux sourire illuminée,
Sans regrets, sans orgueil, sans trouble et sans effort,
Semblait se réjouir dans l'opprobre et la mort.
Certes, de quelque nom que la terre le nomme,
Celui-là n'était point uniquement un homme,
Car de sa chevelure et de toute sa chair
Rayonnait un feu doux, disséminé dans l'air,
Et qui baignait parfois des lueurs de l'opale
Ce cadavre si beau, si muet et si pâle.
Et je le contemplais, n'ayant rien vu de tel
Parmi les Rois au trône et les Dieux sur l'autel.

— O Jésus! dit l'Abbé, levant ses mains unies,
O source et réservoir des grâces infinies,
Verbe de Dieu, vrai Dieu, vrai soleil du vrai ciel,
Vrai Rédempteur, qui bus l'hysope avec le fiel,
Et qui voulus, du sang de tes chères blessures,
De l'antique péché laver les flétrissures,
O Christ, c'était toi! Christ! c'était ton corps sacré,
Pain des Anges, par qui tout sera réparé,
Ton corps, Seigneur, substance et nourriture vraies,
Avec l'intarissable eau vive de tes plaies!
C'était ta chair, ô roi Jésus! qui pendait là,
Sur ce bois devant qui l'univers chancela,
Sur cet arbre que Dieu de sa rosée inonde,
Et dont le fruit vivant est le salut du monde!
Mon Seigneur! par ce prix que nous t'avons coûté,
Gloire au plus haut des cieux et dans l'éternité
Des temps, où pour jamais ta grâce nous convie,
Gloire à toi, Christ-Jésus, force, lumière et vie! —

— Amen! dit le Corbeau. Rabbi, vous parlez bien;
Mais de ceci, pour mon malheur, ne sachant rien,
Je pris très-follement mon vol pour satisfaire
Ma faim, comme j'avais coutume de le faire.
— Maudit! cria l'Abbé, les cheveux hérissés
D'épouvante, d'horreur et de colère; assez!
Saints Anges! as-tu donc, ô bête sacrilége,
Osé toucher la chair trois fois sainte? Puissé-je
Expier, par mes pleurs et par mon sang, ce fait

D'avoir ouï parler, Jésus, d'un tel forfait!
Ce vil mangeur des morts, sur la croix éternelle
Poser sa griffe immonde et refermer son aile!
O profanation horrible! Seigneur Dieu,
L'inextinguible Enfer a-t-il assez de feu
Pour brûler ce corbeau monstrueux et vorace? —

— Maître, dit l'Oiseau noir, apaisez-vous de grâce,
Et daignez m'écouter, s'il vous plaît, jusqu'au bout.
Je volai vers la croix; mais, hélas! ce fut tout.
Un spectre éblouissant, pareil à ce grand Ange
Qui du monde jadis purifiait la fange,
Et dont l'éclat me fit tomber inanimé,
Abrita le Dieu mort de son bras enflammé;
Et comme je gisais sur la pierre brûlante,
Je l'entendis parler d'une voix grave et lente.
Et cette voix toujours m'enveloppe, ô Rabbi:
— Puisque l'Agneau divin désormais a subi,
Plus amers que le fiel et la mort elle-même,
Et l'ineffable outrage et l'opprobe suprême
D'exciter ton désir en horreur au tombeau;
Puisque tout est fini par ton œuvre, Corbeau,
Tu ne mangeras plus, ô bête inassouvie,
Qu'après trois cent soixante et dix-sept ans de vie —
Et son souffle me prit, comme un grand tourbillon
Fait d'une feuille morte au revers du sillon,
Et me jeta, le corps sanglant, l'aile meurtrie,
Du morne Golgotha par delà Samarie.

— Cet Ange, dit le Moine, était assurément,
En ceci, beaucoup moins sévère que clément —

— C'est un supplice étrange et sans nom que de vivre
De ce qui fait mourir! quand la faim vous enivre
Et vous mord, furieuse, au ventre, que de voir
Quelque festin royal où l'on ne peut s'asseoir,
Et d'errer sans repos entre mille pâtures,
Pour y multiplier sans trêve ses tortures!
Depuis ce jour fatal, mon Maître, j'ai jeûné;
J'ai vainement mordu de mon bec acharné
L'homme sur la poussière et le fruit mûr sur l'arbre:
L'un devenait de roc et l'autre était de marbre;
Et, toujours consumé d'angoisse et de désir,
Convoitant une proie impossible à saisir,
Portant de ciel en ciel ma faim inexorable,
J'ai vécu, maigre, vieux, haletant, misérable!
Ce fut là mon supplice, et certe immérité.
— Le châtiment fut bon, dit le Moine irrité:
Repens-toi, sans nier ton infaillible Juge.
Quoi! n'as-tu point, depuis l'universel Déluge,
Dans ta faim effroyable à tant d'hommes gisants,
Assez mangé, Corbeau, pour jeûner trois cents ans?
— On ne se défait point d'une vieille habitude
Sans que l'épreuve, dit le Corbeau, ne soit rude;
Et si vous ne mangiez de sept jours seulement,
Vous verriez ce que vaut votre raisonnement,

Eussiez-vous, subissant vos brèves destinées,
Dévoré le festin de mes trois mille années :
Or voici, grâce à vous, seigneur Sérapion,
Que j'ai fini le temps de l'expiation.
Votre pain était dur, vos figues étaient sèches,
Mais, hier, le Danube était plein de chairs fraîches,
Et portait à la mer, en un lit de roseaux,
Les Romains égorgés qui rougissaient ses eaux.
Vivez, Rabbi, dans la prière et le silence :
Un roi goth a cloué l'Édit d'un coup de lance
Droit au cœur de Valens, et César est fait Dieu.
Absolvez-moi, Seigneur, que je vous dise adieu !
J'ai hâte de revoir le vieux fleuve et ses hôtes.
Vous m'avez écouté, vous connaissez mes fautes,
Absolvez-moi, mon Maître, afin que sans retard
De ce festin guerrier je réclame ma part,
Et m'abreuve du sang des braves, et renaisse
Aussi robuste et fier qu'aux jours de ma jeunesse !
— Seigneur Dieu, qui régnez dans les hauteurs du ciel,
Donnez-lui, dit l'Abbé, le repos éternel ! —

Le Corbeau battit l'air de ses ailes étiques,
Et tomba mort le long des dalles monastiques.

Un Acte de charité.

Certes, en ce temps-là, le bon pays de France
Par le fait de Satan fut très-fort éprouvé,
Pas un grêle fétu du sol n'ayant levé
Et le maigre bétail étant mort de souffrance.

Trois ans passés, un vrai déluge, nuit et jour,
Ruisselait par les champs où débordaient les fleuves.
Or, chacun subissait les communes épreuves,
Le bourgeois dans sa ville et le sire en sa tour.

Mais les Jacques, Seigneur! Dévorés de famine,
Ils vaguaient au hasard le long des grands chemins,
Haillonneux et geignant et se tordant les mains,
Et faisant rebrousser les loups, rien qu'à la mine!

L'été durant, tout mal est moindre, quoique amer;
On se pouvait encor nourrir malgré le Diable;
Mais où la chose en soi devenait effroyable,
Sainte Vierge! c'était par les froids de l'hiver.

De vrais spectres, s'il est un nom dont on les nomme,
Par milliers, sur la neige, étiques, aux abois,
Râlaient. On entendait se mêler dans les bois
Les cris rauques des chiens aux hurlements de l'homme.

C'étaient d'horribles nuits après des jours affreux;
Et les plus forts tendaient aux plus faibles des piéges;
Et le Maudit put voir des repas sacriléges
Où les enfants d'Adam se dévoraient entre eux.

Donc, en ces temps damnés, une très-noble dame
Vivait dans son terroir, près la cité de Meaux.
Quand le pauvre pays fut en proie à ces maux,
Une grande pitié s'éveilla dans son âme.

Elle ouvrit ses greniers aux gens saisis de faim,
Sacrifia ses bœufs, ses vaches par centaines,
Fondit ses plats d'argent, vendit l'or de ses chaînes,
Donna tant, que tout vint à lui manquer enfin.

Alors, par bonté pure, elle se fit errante;
Elle allait conduisant son monde exténué,
Long troupeau qui n'était jamais diminué,
Car, pour dix qui mouraient, il en survenait trente.

Mais les villes baissaient les herses, dans la peur
Que la horde affamée engloutît leur réserve.
En ce siècle,— que Dieu du pareil nous préserve ! —
Les bourgeois avaient plus d'angelots que de cœur.

Les campagnes étant désertes, tout en friche,
Il fallait en finir. La Dame résolut
De délivrer les siens en faisant leur salut ;
Car en charité vraie elle était toujours riche.

Une nuit que six cents mendiants s'étaient mis
A l'abri du grand froid en une vaste grange,
Pleine de dévoûment et d'une force étrange,
Elle barricada tous ses pauvres amis.

Aux angles du réduit de sapin et de chaume,
Versant des pleurs amers, elle alluma du feu :
— J'ai fait ce que j'ai pu, je vous remets à Dieu,
Cria-t-elle, et Jésus vous ouvre son royaume ! —

Tous passèrent ainsi dans leur éternité ;
Prompte mort, d'une paix bienheureuse suivie.
Pour la Dame, en un cloître elle acheva sa vie.
Que Dieu la juge en son infaillible équité !

La Tête du comte.

Les chandeliers de fer flambent jusqu'au plafond
Où, massive, reluit la poutre transversale.
On entend crépiter la résine qui fond.

Hormis cela, nul bruit. Toute la gent vassale,
Écuyers, échansons, pages, Maures lippus,
Se tient debout et roide autour de la grand'salle.

Entre les escabeaux et les coffres trapus
Pendent au mur, dépouille aux Sarrazins ravie,
Cottes, pavois, cimiers que les coups ont rompus.

Don Diego, sur la table abondamment servie,
Songe, accoudé, muet, le front contre le poing,
Pleurant sa flétrissure et l'honneur de sa vie.

Au travers de sa barbe et le long du pourpoint
Silencieusement vont ses larmes amères,
Et le vieux Cavalier ne mange et ne boit point.

Son âme, sans repos, roule mille chimères :
Hauts faits anciens, désirs de vengeance, remords
De tant vivre au delà des forces éphémères.

Il mâche sa fureur comme un cheval son mors ;
Il pense, se voyant séché par l'âge aride,
Que dans leurs tombeaux froids bienheureux sont les morts.

Tous ses fils ont besoin d'éperon, non de bride,
Hors Rui Diaz, pour laver la joue, où saigne, là,
Sous l'offense impunie une suprême ride.

O jour, jour détestable où l'honneur s'envola !
O vertu des aïeux par cet affront souillée !
O face que la honte avec deux mains voila !

Don Diego rêve ainsi, prolongeant la veillée,
Sans ouïr, dans sa peine enseveli, crier
De l'huis aux deux battants la charnière rouillée.

Don Rui Diaz entre. Il tient de son poing meurtrier
Par les cheveux la tête à prunelle hagarde,
Et la pose en un plat devant le vieux guerrier.

Le sang coule, et la nappe en est rouge.— Regarde!
Hausse la face, père! Ouvre les yeux et vois!
Je ramène l'honneur sous ton toit que Dieu garde.

Père! j'ai relustré ton nom et ton pavois,
Coupé la male langue et bien fauché l'ivraie. —
Le vieux dresse son front pâle et reste sans voix.

Puis il crie : — O mon Rui, dis si la chose est vraie!
Cache la tête sous la nappe, ô mon enfant!
Elle me change en pierre avec ses yeux d'orfraie.

Couvre! car mon vieux cœur se romprait, étouffant
De joi , et ne pourrait, ô fils, te rendre grâce,
A toi, vengeur d'un droit que ton bras sûr défend.

A mon haut bout sieds-toi, cher astre de ma race!
Par cette tête, sois tête et cœur de céans,
Aussi bien que je t'aime et t'honore et t'embrasse.

Vierge et Saints! mieux que l'eau de tous les océans
Ce sang noir a lavé ma vieille joue en flamme;
Plus de jeûnes, d'ennuis, ni de pleurs malséants!

C'est bien lui! Je le hais, certe, à me damner l'âme! —
Rui dit : — L'honneur est sauf, et sauve la maison,
Et j'ai crié ton nom en enfonçant ma lame.

Mange, père. — Diego murmure une oraison;
Et tous deux, s'asseyant côte à côte à la table,
Graves et satisfaits, mangent la venaison,

Et regardent saigner la Tête lamentable.

L'Accident de don Iñigo.

QUATRE-VINGTS fidalgos à chevelures rousses,
Sur mulets harnachés de cuir fauve et de housses
Écarlates, s'en vont, fort richement vêtus :
Gants parfumés, pourpoints soyeux, souliers pointus,
Triples colliers d'or fin, toques à plumes blanches,
Les vergettes en main et l'escarcelle aux hanches.
Seul, Rui Diaz de Vivar enfourche, roide et fier,
Son cheval de bataille enchemisé de fer.
Il a l'estoc, la lance, et la cotte maillée
Qui de la nuque aux reins reluit ensoleillée,
Et, pour garer le casque aux reflets aveuglants,
Un épais capuchon de drap rouge à trois glands.

La guêpe au vol strident vibre, la sauterelle
Bondit dans l'herbe sèche et rase, le bruit grêle

Des clochettes d'argent tinte, et les cavaliers
Mêlent le rire alègre aux devis familiers :
Ruses de guerre et rapts d'amour, et pilleries
Nocturnes par la ville et dans les Juiveries,
Querelles, coups de langue et coups de merci-Dieu ;
Mais, immobile en selle et plus ferme qu'un pieu,
Le Rui Diaz ne dit rien, étant d'une humeur sombre.

Donc, à travers les champs pierreux qui n'ont point d'ombre,
Comme il est convenu, tous cheminent ainsi
Pour rendre grâce au Roi qui leur a fait merci
Et vient au devant d'eux avec ses feudataires,
Son Alferez-Mayor et ses quatre notaires
Chargés de libeller allégeance et serment,
Et trois cents compagnons armés solidement.

Vers midi, dans la plaine où l'air poussiéreux brûle,
Don Hernando s'arrête et siége sur sa mule,
Toque en tête, le gant de la main droite ôté,
Et l'autre, du revers, appuyée au côté.
Chacun, après l'hommage et la mercuriale,
Va mettre un prompt baiser sur la dextre royale ;
Mais, lenteur ou dédain, le grave aventurier,
Rui Diaz ne descend point de son haut destrier.
Alors don Iñigo Lopez, porte-bannière
De Castille, d'humeur rogue et fort rancunière,
Dont les rudes aïeux soutinrent sur les monts
Les assauts de Thâriq et de ses noirs démons,
Très-fier, conséquemment, de sa vieille lignée,

Voyant un tel orgueil en a l'âme indignée.
Or, il pique des deux, et, dressé sur l'arçon,
Fait à Ruï de Vivar âprement la leçon,
D'un geste violent et bref, à pleine gorge,
Et l'œil plus allumé qu'un charbon dans la forge :

— A bas! à bas, don Ruï! C'est votre tour. Vrai Dieu!
Ce cadet se croit-il issu de trop bon lieu
Pour faire ce que fait, sans regret ni grimace,
Tout Riche-homme portant bannière, épée et masse,
Possédant vassaux, terre, honneurs et droits entiers?
Sait-il, ce détrousseur de gens, fils de routiers,
Si n'était notre Sire et sa miséricorde,
Qu'on ne lui doit, en toute équité, qu'une corde
Ou qu'un vil couperet pour lui scier le cou?
A bas! Ne tranchez pas du hautain et du fou,
Parce qu'impunément, soit dit à notre honte,
Vous avez, d'aventure, occis le vaillant Comte
Lozano, qui fut, certe, un des meilleurs soutiens
De Castille et de Dieu parmi les Vieux chrétiens.
Pour vous, êtes-vous pas More ou Juif, ou peut-être
Hérétique? A coup sûr, du moins, menteur et traître.
C'est assez d'arrogance et trop d'actes félons :
Faites qu'on vous dédaigne et vous oublie. Allons!
Il est grand temps. Sinon, par la Vierge et le Pape!
Aussi vrai qu'on me nomme Iñigo, je vous happe
A la jambe, et vous traîne à travers les cailloux
Pour supplier sa Grâce et baiser ses genoux. —

Ainsi parle Iñigo. Don Rui tire sa lame
Et lui fend la cervelle en deux jusques à l'âme.
L'autre s'abat à la renverse, éclaboussant
Sa mule et le chemin des flaques de son sang.
Et chacun s'émerveille, et crie, et s'évertue :
— Holà! — Jésus! — Tombons sur l'homme! — Alerte! — I
Haut les dagues! — Par Dieu! toque et crâne, du coup,
Sont fendus jusqu'aux dents — En avant! sus au loup! —

— Saint Jacques! dit le Roi tout surpris, cette épée,
Si lourd que soit le poing, est rudement trempée!
Mais ceci m'est fâcheux et j'en suis affligé.
Don Iñigo, ce semble, est fort endommagé ;
Il gît, blême et muet, et sans doute il expire.
Rengaîne ton estoc, don Rui, si tu n'es pire
Que le Diable et Mahom, très-féroces tous deux.
— Voilà ce que l'on gagne aux propos hasardeux,
Dit Rui Diaz. Ce seigneur eut la langue un peu vive. —

Puis, sans s'inquiéter qu'on le blâme ou poursuive,
Avec ses fidalgos, devers Calatrava,
Le bon Campeador tourne bride et s'en va.

La Ximena.

En Castille, à Burgos, Hernan, le Justicier,
Assis, les reins cambrés, dans sa chaise à dossier,
Juge équitablement démêlés et tueries,
Foi gardée en Léon, traîtrise en Asturies,
Riches-hommes, chauffés d'avarice, arrachant
Son escarcelle au Juif et sa laine au marchand,
Et ceux qui, rendant gorge après leur équipée,
Ont sauvé le chaudron, la bannière et l'épée.

Or, les arrêts transmis par les scribes, selon
Les formes, au féal aussi bien qu'au félon,
Les massiers dépêchés, les sentences rendues,
Les délinquants ayant payé les sommes dues,

Pour tout clore, il advient que trente fidalgos
Entrent, de deuil vêtus, et par deux rangs égaux.
La Ximena Gomez marche au centre. Elle pleure
Son père mort pour qui la vengeance est un leurre.

La sombre cape enclôt de plis roides et longs
Son beau corps alangui, de l'épaule aux talons;
Et, de l'ombre que fait la coiffe et qu'il éclaire,
Sort comme un feu d'amour, d'angoisse et de colère.
Devant la chaise haute, en son chagrin cuisant,
Elle heurte aux carreaux ses deux genoux, disant :

— Seigneur! donc, c'est d'avoir vécu sans peur ni blâme
Que, six mois bien passés, mon père a rendu l'âme
Par les mains de celui qui, hardi cavalier,
S'en vient, pour engraisser son faucon familier,
Meurtrir au colombier mes colombes fidèles
Et me teindre la cotte au sang qui coule d'elles!
Don Rui Diaz de Vivar, cet orgueilleux garçon,
Méprise grandement, et de claire façon,
De tous tes sénéchaux la vaine chevauchée,
Cette meute sans nez sur la piste lâchée,
Et qu'il raille, sachant, par flagrantes raisons,
Que tu ne le veux point forcer en ses maisons.
Suis-je d'un sang si vil, de race tant obscure,
Roi, que du châtiment il n'ait souci ni cure?
Je te le dis, c'est faire affront à ton honneur
Que de celer le traître à ma haine, Seigneur!

Il n'est point roi celui qui défaille en justice,
Afin qu'il plaise au fort et que l'humble pâtisse
Sous l'insolente main chaude du sang versé!
Et toi, plus ne devrais combattre, cuirassé
Ni casqué, manger, boire, et te gaudir en somme,
Avec la Reine, et dans son lit dormir ton somme,
Puisqu'ayant quatre fois tes promesses reçu,
L'espoir de ma vengeance est quatre fois déçu,
Et que d'un homme, ô Roi, haut et puissant naguère,
Le plus sage aux Cortès, le meilleur dans la guerre,
Tu ne prends point la race orpheline en merci! —

La Ximena se tait quand elle a dit ceci.

Hernan répond :

— Par Dieu qui juge! damoiselle,
Ta douloureuse amour explique assez ton zèle,
Et c'est parler fort bien. Fille, tes yeux si beaux
Luiraient aux trépassés roidis dans leurs tombeaux,
Et tes pleurs aux vivants mouilleraient la paupière,
Eussent-ils sous l'acier des cœurs durs comme pierre.
Apaise néanmoins le chagrin qui te mord.
Si Lozano Gomez, le vaillant Comte est mort,
Songe qu'il offensa d'une atteinte très-grave
L'honneur d'un cavalier de souche honnête et brave,
Plus riche qu'Iñigo, plus noble qu'Abarca,
Du vieux Diego Lainez à qui force manqua.

Le Comte est mort d'un coup loyal, et, tout l'atteste,
Dieu dans son paradis l'a reçu sans conteste.
Si je garde Don Ruï, fille, c'est qu'il est tien.
Certes, un temps viendra qu'il sera ton soutien,
Changeant détresse en joie et gloire triomphante. —

Puis, cela dit, tous deux entrèrent chez l'Infante.

La Tristesse du Diable.

Silencieux, les poings aux dents, le dos ployé,
Enveloppé du noir manteau de ses deux ailes,
Sur un pic hérissé de neiges éternelles,
Une nuit, s'arrêta l'antique Foudroyé.

La terre prolongeait en bas, immense et sombre,
Les continents battus par la houle des mers;
Au-dessus flamboyait le ciel plein d'univers;
Mais Lui ne regardait que l'abîme de l'ombre.

Il était là, dardant ses yeux ensanglantés
Dans ce gouffre où la vie amasse ses tempêtes,
Où le fourmillement des hommes et des bêtes
Pullule sous le vol des siècles irrités.

Il entendait monter les hosannas serviles,
Le cri des égorgeurs, les *Te Deum* des rois,
L'appel désespéré des nations en croix
Et des justes râlant sur le fumier des villes.

Ce lugubre concert du mal universel,
Aussi vieux que le monde et que la race humaine,
Plus fort, plus acharné, plus ardent que sa haine,
Tourbillonnait autour du sinistre Immortel.

Il remonta d'un bond vers les temps insondables
Où sa gloire allumait le céleste matin,
Et, devant la stupide horreur de son destin,
Un grand frisson courut dans ses reins formidables.

Et se tordant les bras, et crispant ses orteils,
Lui, le premier rêveur, la plus vieille victime,
Il cria par delà l'immensité sublime
Où déferle en brûlant l'écume des soleils :

— Les monotones jours, comme une horrible pluie,
S'amassent, sans l'emplir, dans mon éternité ;
Force, orgueil, désespoir, tout n'est que vanité ;
Et la fureur me pèse, et le combat m'ennuie.

Presque autant que l'amour la haine m'a menti :
J'ai bu toute la mer des larmes infécondes.
Tombez, écrasez-moi, foudres, monceaux des mondes !
Dans le sommeil sacré que je sois englouti !

Et les lâches heureux, et les races damnées,
Par l'espace éclatant qui n'a ni fond ni bord,
Entendront une voix disant : Satan est mort !
Et ce sera ta fin, Œuvre des six journées ! —

Les Ascètes.

I

Depuis qu'au joug de fer blanche esclave enchaînée,
Hellas avait fini sa belle destinée,
Et qu'un dernier soupir, un souffle harmonieux
Avait mêlé son ombre aux ombres de ses dieux,
Le César, dévoré d'une soif éternelle,
Tarissait le lait pur de l'antique Cybèle.
Pâle, la main sanglante et le cœur plein d'ennuis,
D'une vague terreur troublant ses longues nuits,
Il écoutait, couché sur la pourpre romaine,
Dans un sombre concert gémir la race humaine;
Et, tandis que la Louve aux mamelles d'airain
Dormait, le dos ployé sous son pied souverain,
Il affamait, hâtant les jours expiatoires,

Les lions de l'Atlas au fond des vomitoires.
Inépuisable mer, du sommet des sept monts,
Couvrant l'empire entier de ses impurs limons,
Nue, horrible, traînant ses voluptés banales,
La débauche menait les grandes saturnales;
Car c'était l'heure sombre où le vieil univers,
Ne pouvant oublier son opprobre et ses fers,
Gisait, sans Dieu, sans force, et fatigué de vivre,
Comme un lâche qui craint de mourir et s'enivre.
Et c'est alors, plus haut que l'orgie aux bruits sourds,
Qu'on entendit monter l'appel des nouveaux jours,
Cri d'allégresse et cri d'angoisse, voix terrible
D'amour désespéré vers le monde invisible :

II

— Les bruits du siècle ont-ils étouffé votre voix,
Seigneur? Jusques à quand resterez-vous en croix?
En vain vous avez bu l'amertume et la lie :
Le monde se complaît dans sa vieille folie
Et s'attarde en chantant aux pieds de ses dieux morts.
Au désert, au désert, les sages et les forts!
Au désert, au désert, ceux que l'Esprit convie,
Ceux qu'a longtemps battus l'orage de la vie,
Ceux que l'impie enivre à ses coupes de feu,
Ceux qui dormaient hier dans le sein de leur Dieu!
Au désert, au désert, les hommes et les femmes!
Étouffons dans nos cœurs les voluptés infâmes!

Vers la gloire des cieux éternels déployons
L'extase aux ailes d'or sous la dent des lions.
Multipliez en nous vos douleurs adorables,
Seigneur! Que nous soyions errants et misérables,
Qu'un soleil dévorant consume notre chair!
Le mépris nous est doux, l'outrage nous est cher,
Pourvu que, gravissant la cime du supplice,
Nous puissions jusqu'au bout tarir votre calice,
Et, tout chargés d'opprobre et couronnés d'affronts,
D'une épine sanglante auréoler nos fronts!
O morne solitude, ô grande mer de sables,
Assouvis nos regards de choses périssables;
Balaye à tous les vents les vieilles vanités,
La poussière sans nom des dieux et des cités;
Et pour nous arracher à la matière immonde,
Ouvre ton sein de flamme aux transfuges du monde!
Fuyons! voici venir le jour mystérieux
Où, comme un peu de cendre aux quatre vents des cieux,
La terre s'en ira par l'espace sublime.
Oh! combien rouleront dans le brûlant abîme!
Mais l'Ange par nos noms nous appellera tous,
Et la face de Dieu resplendira pour nous! —

III

O rêveurs, ô martyrs, vaillantes créatures,
Qui, dans l'effort sacré de vos nobles natures,
Poussiez vers l'idéal un sanglot éternel,

Je vous salue, amants désespérés du ciel !
Vous disiez vrai : le cœur de l'homme est mort et vide,
Et la terre maudite est comme un champ aride,
Où la ronce inféconde, et qu'on arrache en vain,
Dans le sillon qui brûle étouffe le bon grain.
Vous disiez vrai : la vie est un mal éphémère,
Et la femme bien plus que la tombe est amère!
Aussi, loin des cités aux bruits tumultueux,
Avec le crucifix et le bâton noueux,
Et du nimbe promis illuminant vos têtes,
Vous fuyiez vers la mort, pâles anachorètes!
Pour que nul œil humain ne vous revît jamais,
Vous montiez çà et là sur d'inféconds sommets,
Et, confiant votre âme aux souffles des orages,
Laissiez dormir vos os dans les antres sauvages.
Ou parfois, en songeant, sur le sable embrasé,
Que tout lien charnel ne s'était pas brisé,
Que le siècle quitté recevait vos hommages,
Qu'un tourbillon lointain de vivantes images
D'un monde trop aimé repeuplait votre cœur,
Que le ciel reculait, que l'homme était vainqueur ;
Troublant de vos sanglots l'implacable étendue,
Vous déchiriez vos flancs d'une main éperdue,
Vous rougissiez le sol du sang des repentirs ;
Et le désert, blanchi d'ossements de martyrs,
Écoutant ses lions remuer vos reliques,
S'emplissait dans la nuit de visions bibliques.

Le Nazaréen.

QUAND le Nazaréen, en croix, les mains clouées,
Sentit venir son heure et but le vin amer,
Plein d'angoisse, il cria vers les sourdes nuées,
Et la sueur de sang ruissela de sa chair.

Mais dans le ciel muet de l'infâme colline
Nul n'ayant entendu ce lamentable cri,
Comme un dernier sanglot soulevait sa poitrine,
L'homme désespéré courba son front meurtri.

Toi qui mourais ainsi dans ces jours implacables,
Plus tremblant mille fois et plus épouvanté,
O vivante Vertu! que les deux misérables
Qui, sans penser à rien, râlaient à ton côté;

Que pleurais-tu, grande âme, avec tant d'agonie?
Ce n'était pas ton corps sur la croix desséché,
La jeunesse et l'amour, ta force et ton génie,
Ni l'empire du siècle à tes mains arraché.

Non! une voix parlait dans ton rêve, ô Victime!
La voix d'un monde entier, immense désaveu,
Qui te disait : — Descends de ton gibet sublime,
Pâle crucifié, tu n'étais pas un Dieu!

Tu n'étais ni le pain céleste, ni l'eau vive!
Inhabile pasteur, ton joug est délié!
Dans nos cœurs épuisés, sans que rien lui survive,
Le Dieu s'est refait homme, et l'homme est oublié!

Cadavre suspendu vingt siècles sur nos têtes,
Dans ton sépulcre vide il faut enfin rentrer.
Ta tristesse et ton sang assombrissent nos fêtes,
L'humanité virile est lasse de pleurer. —

Voilà ce que disait, à ton heure suprême,
L'écho des temps futurs de l'abîme sorti;
Mais tu sais aujourd'hui ce que vaut ce blasphème;
O fils du charpentier, tu n'avais pas menti!

Tu n'avais pas menti! Ton Église et ta gloire
Peuvent, ô Rédempteur, sombrer aux flots mouvants;
L'homme peut sans frémir rejeter ta mémoire,
Comme on livre une cendre inerte aux quatre vents;

Tu peux, sur les débris des saintes cathédrales,
Entendre et voir, livide et le front ceint de fleurs,
Se ruer le troupeau des folles saturnales,
Et son rire insulter tes divines douleurs!

Car tu siéges auprès de tes égaux antiques,
Sous tes longs cheveux roux, dans ton ciel chaste et bleu;
Les âmes, en essaims de colombes mystiques,
Vont boire la rosée à tes lèvres de Dieu!

Et comme aux jours altiers de la force romaine,
Comme au déclin d'un siècle aveugle et révolté,
Tu n'auras pas menti, tant que la race humaine
Pleurera dans le temps et dans l'éternité.

Les Deux Glaives.

XIe ET XIIe SIÈCLES.

I

L'ABSOLUTION.

Un vieux moine à l'œil cave, aux lèvres ascétiques,
Muet, et tel qu'un spectre en ce monde oublié,
Vêtu de laine blanche, en sa stalle ployé,
Tient sa croix pectorale entre ses doigts étiques.

Sur la face amaigrie et sur le front blafard
De ce corps épuisé que la tombe réclame,
Éclate la vigueur immortelle de l'âme ;
Un indomptable orgueil dort dans ce froid regard.

Le souci d'un pouvoir immense et légitime
L'enveloppe. Il se sent rigide, dur, haï.
Il est tel que Moïse, après le Sinaï,
Triste jusqu'à la mort de sa tâche sublime.

Rongé du même feu, sombre du même ennui,
Il savoure à la fois sa gloire et son supplice,
Et couvre l'univers d'un pan de son cilice.
Ce moine croit. Il sait que le monde est à lui.

Son siècle étant féroce et violent, mais lâche,
Ayant moins de souci du ciel que de l'enfer,
Il ne le mène point par la corde et le fer :
Sa malédiction frappe mieux que la hache.

Seul, outragé, proscrit, errant au fond des bois,
Il parle, et tout se tait. Les fronts deviennent pâles.
Il sèche avec un mot les sources baptismales
Et fait hors du tombeau blanchir les os des rois.

La salle est large et basse; un jour terne l'éclaire.
Au dehors neige et vent heurtent les durs vitraux.
Le silence au dedans, où, sur onze escabeaux,
Des prélats sont assis en rang mi-circulaire.

Ceux ci, sous un étroit capuchon rouge et noir,
Et leurs robes couvrant leurs souliers jusqu'aux pointes,
Immobiles, les yeux fixes et les mains jointes,
Semblent ne rien entendre et semblent ne rien voir.

Avec ses longs cheveux où l'épine est mêlée,
De l'arbre de la croix, la plaie ouverte au flanc,
Fantôme douloureux, tout roide et tout sanglant,
Jésus étend les bras sur la morne assemblée.

Tête et pieds nus, un homme est là, sur les genoux,
Transi, le dos courbé, pâle d'ignominie.
Ce serf est un César venu de Germanie,
L'Empereur dont les rois très-chrétiens sont jaloux.

Sans dague et sans haubert, la chevelure rase,
Avilissant sa race autant que ses aïeux,
Ce chef des braves gît, les larmes dans les yeux,
Sous le pied monacal qu'il baise et qui l'écrase.

Et César porte envie au pâtre obscur des monts
Qui, de haillons vêtu, sent battre son cœur libre
Et l'air du vaste ciel où son chant monte et vibre
Retremper sa vigueur et gonfler ses poumons.

— Saint Père, j'ai péché, dit-il d'une voix haute;
J'ai pris une lueur de l'Enfer pour flambeau;
J'ai profané la crosse et j'ai souillé l'anneau;
Saint Père! j'ai péché par ma très-grande faute.

J'ai cru, l'épée au poing et le globe en ma main,
Et d'un geste réglant les nations soumises,
Que les choses de Dieu m'étaient aussi permises;
Le Diable pour me perdre a frayé mon chemin.

J'eusse mieux fait, n'était mon attache charnelle
Et le mauvais orgueil d'envahir mes voisins,
D'aller vers l'Orient chasser les Sarrasins
Qui font trôner Mahom sur la Tombe éternelle.

J'ai parjuré ma foi, j'ai menti grandement
Quand j'en donnai parole au Siége apostolique ;
Mais, par l'incorruptible et céleste relique,
Par le vrai bois de Christ, je tiendrai mon serment.

Saint Père ! me voici comme je vins au monde,
Faible et nu, devant toi mon juge et mon recours.
J'ai prié sans relâche et jeûné quatre jours,
Je me suis repenti : guéris ma lèpre immonde.

Roi des âmes, vicaire infaillible de Dieu,
Toi qui gardes les clefs de la Béatitude,
Si l'expiation soufferte est assez rude,
Grâce ! sauve ma chair et mon âme du feu ! —

Et le César, heurtant les dalles de la tête,
Baise les pieds du moine et reste prosterné.
L'autre le laisse faire et dit : — Sois pardonné !
La majesté du Siége unique est satisfaite.

Ce n'est point devant l'homme impuissant, faible et vieux,
Que l'Empereur armé du glaive s'humilie ;
C'est aux pieds de Celui qui lie et qui délie,
Tant que vivra la terre et que luiront les cieux.

Va donc ! et souviens-toi de l'heure où, dans sa force,
Ta haute nef heurta l'inébranlable écueil ;
Souviens-toi, chêne altier, tranché dans ton orgueil,
Qu'une cendre inféconde emplissait ton écorce.

Va ! Je t'absous au nom du Père, au nom du Fils
Et de l'Esprit ! — César se relève et salue ;
Il sort. Un flot de honte à son front pâle afflue,
Et le moine humblement baise son crucifix.

II

CHOEUR DES ÉVÊQUES.

— Le Seigneur a maudit le fleuve dans la source,
La moisson dans le grain, l'homme dans le berceau ;
Et toute chair gémit sans trêve et sans ressource,
Le Foudroyé l'ayant marquée avec son sceau !

Dans le plus innocent dort le germe d'un crime ;
Toute joie est un piége où trébuche le cœur ;
Toute Babel ne croît qu'au penchant de l'abîme
Où le vaincu sanglant entraîne le vainqueur.

Mais, ô Phare allumé dans notre nuit immense,
O Siége de l'Apôtre, ô magnifique autel,
Si tout languit et meurt, renaît et recommence,
Toi seul es immuable et toi seul immortel !

Comme les sombres flots contre un haut promontoire,
Cap céleste, tu vois les siècles furieux
S'écrouler en écume au gouffre expiatoire,
Sitôt qu'ils ont touché tes pieds mystérieux!

Car tu germais au fond des temps que Dieu domine,
Aux entrailles de l'âme humaine enraciné!
Et, pour jaillir un jour, la volonté divine
Te conçut bien avant que le monde fût né!

Que te font, Roc sacré vers qui volent les âmes,
Les aveugles assauts des peuples et des rois?
Plus épaisse est leur nuit, plus vives sont tes flammes!
Leurs ongles et leurs dents s'usent à tes parois.

Et quand, plein de fureurs, de stupides huées,
Tout l'Enfer t'escalade en légions de feu,
S'il monte, tu grandis par delà les nuées,
Jusqu'aux astres, jusqu'aux anges, jusques à Dieu!

Du sang des Bienheureux mille fois arrosée,
Cime accessible à l'humble et terrible au pervers,
La fleur des trois Vertus éclôt sous ta rosée,
Et d'un triple parfum embaume l'univers!

O Saint-Siége romain, maître unique et seul juge,
Tel qui croit t'outrager avec impunité,
Serf ou César, n'a plus, mort ou vif, de refuge :
Dieu le frappe en ce monde et dans l'éternité! —

III

CHŒUR DES CÉSARS.

— O Rome, qu'un vil moine, en ta chaise curule,
Étrangle avec l'étole et marque avec la croix,
Nous nous sommes levés en entendant ta voix,
Vieille reine du monde, épouse du grand Jule!

Toi qui faisais gronder l'essaim des légions,
En secouant un pli de ta robe guerrière,
Mains jointes, le dos bas, le front dans la poussière,
Tu t'es accoutumée aux génuflexions!

Ta pourpre s'est changée en blêmes scapulaires;
Et, livrant son échine au bâton du berger,
Du harnais de l'ânon tu laisses outrager
La Louve qu'entouraient les faisceaux consulaires.

O Ville des héros, pleine de mendiants,
Tu prends les os des morts pour dépouilles opimes;
Les macérations sont tes hauts faits sublimes
Sous le fouet orgueilleux des clercs psalmodiants!

Mais, aux donjons du Rhin et de la Franconie,
Tes hurlements d'angoisse, à travers nos créneaux,
Pénétrant notre cœur irrité de tes maux,
Nous ont fait une part dans ton ignominie.

Le sol impérial tressaille sous nos chars,
Et voici qu'attestant les feuilles sibyllines,
L'aigle crie et tournoie au front des sept collines.
Rome, Rome, debout! Reconnais tes Césars!

Reprends le globe, ô Rome, et le sceptre et le glaive,
Afin qu'à notre face, après la longue nuit,
Dans son orgueil, sa force et sa gloire et son bruit,
L'éternelle Cité sur le monde se lève!

Et nous, que conviaient tes cris désespérés,
L'épée en une main et l'olivier dans l'autre,
Rachetant à jamais ton opprobre et le nôtre,
Nous veillerons, assis sur tes sommets sacrés! —

IV

L'AGONIE.

Vingt-neuf ans ont passé sur l'homme et sur l'Empire,
Pleins du flux et reflux des sombres nations,
De combats, de douleurs, de malédictions.
Le siècle onzième est mort, et l'autre est déjà pire.

Le grand moine qui vit la force à ses genoux
Et se taire les rois devant sa face auguste,
Dans Salerne a rendu l'âme ferme du juste,
En attestant Celui qui s'immola pour nous.

Mais son esprit flamboie et brûle de sa lave
Le vieux Victor, Urbain, qui pousse l'Occident
Par tourbillons armés contre l'Islam ardent,
Et Pascal, le nouvel élu du saint Conclave.

Dans un noir carrefour de l'antique cité,
Au fond d'une masure où souffle une âpre bise,
Sur la paille mouillée un vieillard agonise,
Sans un être vivant qui veille à son côté.

Des larmes lentement brûlent sa blême joue.
Étendu sur le dos, l'œil terne, haletant,
Il tressaille et roidit les bras, et par instant
Il parle d'une voix qu'un râle affreux enroue :

— A moi, mes chevaliers, mes Saxons, mes Lombards!
Haut la lance et le glaive! Allemagne, Italie,
En avant! Que le cri de César vous rallie!
Faites flotter au vent les royaux étendards!

J'ai froid, Seigneur Jésus! Seigneur, je vous conjure,
Épargnez cette angoisse effroyable à ma fin...
O Seigneur Christ! Le chef du Saint Empire a faim!
Son fils est parricide, et son peuple est parjure.

Qui m'appelle? Est-ce toi, mauvais moine, qui viens
Insulter ton César qui meurt sans funérailles?
Va-t'en! J'ai combattu dans soixante batailles!
Mes Évêques trois fois ont démenti les tiens.

Mes Évêques! Ils ont élu, sous mon épée,
Le vrai Pape, Guibert de Ravenne, Clément!
Les lâches m'ont trahi depuis impudemment,
Et, ma puissance morte, ils l'ont dite usurpée.

O honte! Et j'ai ployé sous ta verge de fer!
Et me voici, vieux, pauvre, affamé, misérable,
Râlant sur ce fumier d'angoisse inénarrable!
Pourquoi ne viens-tu pas, si c'est ici l'Enfer?

Ah! tu frappais les Oints du Seigneur sur leur trône,
Antechrist! Moi, j'ai pris ta ville et t'ai chassé
Comme un loup par la meute en son antre forcé...
Jésus! la faim me ronge et l'horreur m'environne! —

La voix baisse et s'éteint. On entend au dehors
Les maigres chiens, vaguant par la nuit en tourmente,
Qui flairent tous les seuils de la cité dormante
Et hurlent, comme ils font à la piste des morts.

La voix reprend : — Ah! ah! les démons sont en quête,
Les bons limiers que nul n'a surpris en défaut!
Holà, chiens! C'est la chair de César qu'il vous faut.
Venez, l'heure est propice et la curée est prête!

Meurs donc, ô mendiant! Meurs, excommunié,
Qui tenais dans ta main la Germanie et Rome!
Deux fois sacré, devant le ciel et devant l'homme,
Et que l'homme et le ciel et la terre ont nié!

Meurs, ô toi qui jadis m'emportais sur ton aile,
Aigle des fiers Ottons, puissant, libre et joyeux!
Le hibou clérical t'a crevé les deux yeux;
Rentre avec ton vieux maître en la nuit éternelle! —

Et le vent, déchaîné dans l'ombre des chemins,
Accroît ses tourbillons qu'un sanglot accompagne;
Et voici qu'il est mort l'Empereur d'Allemagne,
Le vaincu d'Hildebrand, Henry, roi des Romains.

L'Agonie d'un saint.

Les moines, à pas lents, derrière le Prieur
Qui portait le ciboire et les huiles mystiques,
Rentrèrent, deux à deux, au cloître intérieur,
Troupeau d'ombres, le long des arcades gothiques.

Comme en un champ de meurtre, après l'ardent combat,
Le silence se fit dans la morne cellule,
Autour du vieil Abbé couché sur son grabat,
Rigide, à la lueur de la cire qui brûle.

Un Christ d'argent luisait entre ses maigres doigts,
Les yeux, fixes et creux, s'ouvraient sous le front lisse,
Et le sang, tiède encor, s'égouttait par endroits
De la poitrine osseuse où mordit le cilice.

Avec des mots confus que le râle achevait,
Le moribond, faisant frémir ses lèvres blêmes,
Contemplait sur la table, auprès de son chevet,
Une tête et deux os d'homme, hideux emblèmes.

Contre ce drap de mort d'eau-bénite mouillé,
La face ensevelie en une cape noire,
Seul, immobile, et sur la dalle agenouillé,
Un moine grommelait son chapelet d'ivoire.

Minuit sonna, lugubre, et jeta dans le vent
Ses douze tintements à travers les ogives;
Le bruit sourd de la foudre ébranla le couvent,
Et l'éclair fit blanchir les tourelles massives.

Or, relevant la face, après s'être signé,
Le moine dit, les bras étendus vers le faîte :
— *De profundis, ad te, clamavi, Domine!*
Mais, s'il le faut, *Amen!* Ta volonté soit faite!

Du ciel inaccessible abaisse la hauteur,
Ouvre donc en entier les portes éternelles,
O Maître! Et dans ton sein reçois le serviteur
Que l'Ange de la mort t'apporte sur ses ailes.

Dévoré de la soif de ton unique amour,
Le cœur plein de ta grâce, et marqué de ton signe,
Comme un bon ouvrier, dès le lever du jour,
Tout en sueur, il a travaillé dans ta vigne.

Ton calice de fiel n'était point épuisé,
Pour que sa bouche austère en savourât la lie ;
Et maintenant, Seigneur, le voici vieux, brisé,
Haletant de fatigue après l'œuvre accomplie.

Vers le divin Royaume il tourne enfin les yeux ;
La mort va dénouer les chaînes de son âme :
Reçois-le donc, ô Christ, dans la paix de tes cieux,
Avec la palme d'or et l'auréole en flamme ! —

La cellule s'emplit d'un livide reflet ;
L'Abbé dressa son front humide du saint chrême ;
Et le moine effrayé l'entendit qui parlait
Comme en face du Juge infaillible et suprême :

— Seigneur, vous le savez ! mon cœur est devant vous,
Sourd aux appels du monde et scellé pour la joie ;
Je l'ai percé, vivant, de la lance et des clous,
Je l'ai traîné, meurtri, le long de votre Voie.

Plein de jeunesse, en proie aux sombres passions,
Sous la règle de fer j'ai ployé ma superbe ;
Les richesses du monde et ses tentations,
J'ai tout foulé du pied comme la fange et l'herbe.

Paul m'a commis le glaive, et Pierre les deux clés ;
Pieds nus, ceint d'une corde, en ma robe de laine,
J'ai flagellé les forts à mon joug attelés ;
Le clairon de l'Archange a reçu mon haleine.

Ils se sont tous rués du Nord sur le Midi,
Bandits et chevaliers, princes sans patrimoine;
Mais le plus orgueilleux comme le plus hardi
A touché de son front la sandale du moine!

Et le monde n'étant, ô Christ, qu'un mauvais lieu
D'où montait le blasphème autour de votre Église,
J'ai voué toute chair en holocauste à Dieu,
Et j'ai purifié l'âme à Satan promise.

Seigneur, Seigneur! parlez, êtes-vous satisfait?
La sueur de l'angoisse à mon front glacé fume.
O Maître, tendez-moi la main si j'ai bien fait,
Car une mer de sang m'entoure et me consume.

Elle roule et rugit, elle monte, elle bout.
J'enfonce! Elle m'aveugle et me remplit la bouche;
Et sur les flots, Jésus! des spectres sont debout,
Et chacun d'eux m'appelle avec un cri farouche.

Ah! je les reconnais, les damnés! Les voilà,
Ceux d'Alby, de Béziers, de Foix et de Toulouse
Que le fer pourfendit, que la flamme brûla,
Parce qu'ils outrageaient l'Église, votre épouse!

Sus, à l'assaut! l'épée aux dents, la hache au poing!
Des excommuniés éventrez les murailles!
Tuez! A vous le ciel s'ils n'en réchappent point!
Arrachez tous ces cœurs maudits et ces entrailles!

Tuez, tuez! Jésus reconnaîtra les siens.
Écrasez les enfants sur la pierre, et les femmes!
Je vous livre, ô guerriers, ces pourceaux et ces chiens,
Pour que vous dépeciez leurs cadavres infâmes!

Gloire au Christ! les bûchers luisent, flambeaux hurlants;
La chair se fend, s'embrase aux os des hérétiques,
Et de rouges ruisseaux sur les charbons brûlants
Fument dans les cieux noirs au bruit des saints cantiques.

Dieu de miséricorde, ô justice, ô bonté,
C'est vous qui m'échauffiez du feu de votre zèle;
Et voici que mon cœur en est épouvanté,
Voici qu'un autre feu dans mes veines ruisselle!

Allelula! L'Église a terrassé Satan.
Mais j'entends une voix terrible qui me nomme
Et me dit: — Loin de moi, fou furieux! Va-t'en,
O moine tout gorgé de chair et de sang d'homme! —

— A l'aide, sainte Vierge! Écoutez-moi, Seigneur!
Cette cause, Jésus, n'était-ce point la vôtre?
Si j'ai frappé, c'était au nom de votre honneur;
J'ai combattu devant le siége de l'Apôtre.

J'ai vaincu, mais pour vous! Regardez-moi mourir;
Voyez couler encor de mes chairs condamnées
Ce sang versé toujours et que n'ont pu tarir
Les macérations de mes soixante années.

Voyez mes yeux creusés du torrent de mes pleurs.
Maître, avant que Satan l'emporte en sa géhenne,
Voyez mon cœur criant de toutes vos douleurs,
Plus enflammé de foi qu'il n'a brûlé de haine!

— Tu mens! C'était l'orgueil implacable et jaloux
De commander aux rois dans tes haillons de bure,
Et d'écraser du pied les peuples à genoux,
Qui faisait tressaillir ton âme altière et dure.

Tu jeûnais, tu priais, tu macérais ton corps
En te réjouissant de tes vertus sublimes!
Eh bien, sombre boucher des vivants et des morts,
Regarde! mon royaume est plein de tes victimes.

Qui t'a dit de tuer en mon nom, assassin?
Loup féroce, toujours affamé de morsures,
Tes ongles et tes dents ont lacéré mon sein,
Et ta bave a souillé mes divines blessures.

Arrière! Va hurler dans l'abîme éternel!
Caïn, en te voyant, reconnaîtra sa race,
Va! car tu souillerais l'innocence du ciel,
Et mes Anges mourraient d'horreur devant ta face!

— Grâce, Seigneur Jésus! Arrière! il est trop tard.
Je vois flamber l'Enfer, j'entends rire le Diable,
Et je meurs. — Ce disant, convulsif et hagard,
L'Abbé se renversa dans un rire effroyable.

Le moine épouvanté, tout baigné de sueur,
S'évanouit, pressant son front de ses mains froides ;
Et le cierge éclaira de sa fauve lueur
Le mort et le vivant silencieux et roides.

Les Paraboles de dom Guy.

EN l'An mil quatre cent onzième de l'Hostie
Éternelle, de qui la lumière est sortie,
Du Roi Christ, mort, cloué par les pieds et les mains,
Sigismund de Hongrie étant chef des Romains,
Manoel, d'Orient, Charles, que Dieu soutienne,
Des trois fleurs de lys d'or de la Gaule chrétienne,
Et Balthazar Cossa, pirate sur la mer,
Etant diacre du Diable et légat de l'Enfer,
Moi, Guy, prieur claustral en la bonne abbaye
De Clairvaux, où la règle étroite est obéie,
J'inscris, Dieu le voulant, ceci, pour être su
Du siècle très-pervers, dans le péché conçu.

Clairs flambeaux, qu'en chemin l'œil de l'âme regarde,
Saints Martyrs, prenez-moi d'en haut sous votre garde;

De la Béatitude auguste où je vous vois,
Mettez votre candeur héroïque en ma voix;
De l'éblouissement de vos joyeux domaines,
Penchez-vous au plus noir des ténèbres humaines,
Voyageurs du beau ciel, Anges et Séraphins,
Qui nagez richement dans vos gloires d'ors fins,
Et faites sur ma langue, au vent frais de vos ailes,
Pétiller et flamber le feu des meilleurs zèles.
Puis, veuille m'assister le divin Paraclet
Par qui l'humble ignorant mieux qu'un docte parlait!

O mon Seigneur Jésus et madame la Vierge,
Plus d'huile dans la lampe et plus de mèche au cierge!
La moisissure mord le vélin du missel,
Et tout soleil mûrit le mal universel,
Depuis que, divisant la Chaire principale,
Trois cornes ont poussé sur la mitre papale :
Trois rameaux fort malsains, de malice nourris,
Florissants au dehors, mais au dedans pourris;
De sorte que, voyant, par le temps et l'espace,
Sous cette ombre, la fleur de la foi qui trépasse,
La charité décroître et l'espoir s'engloutir,
Le rocher du salut, Pierre, prince et martyr,
Pleure. La route est vide où s'en venaient les âmes;
Toutes cuisent, sitôt la mort, aux grandes flammes;
Et le Portier divin, tant harcelé jadis,
Laisse pendre les clefs aux gonds du Paradis!
Certes, sa peine est forte, et rude est sa navrure,

De n'ouïr plus chanter la céleste serrure,
Ce, pendant qu'Astaroth et Mammon, très-contents,
Ouvrent la flamboyante issue à deux battants,
Et que, la crosse au poing, dans les Obédiences,
Le Prince des damnés donne ses audiences!

Or, Caïphe et Pilate ont tant rivé tes clous,
Jésus! que tes agneaux sont mangés par les loups.
L'Église est moribonde en son chef et ses membres;
Les moutiers sont, du Feu sans fin, les antichambres;
Les rois sont fort mauvais, les gens d'armes pillards,
Sans pitié des enfants, sans respect des vieillards,
Luxurieux, mettant à mal toutes les femmes,
Et dans les vases saints buvant les vins infâmes.
Puisque aussi bien, Jésus, ta terrestre maison
Est un lieu de blasphème et non plus d'oraison,
Puisqu'en cet âge sombre et tenace où nous sommes,
Ton ineffable sang est perdu pour les hommes,
O mon Seigneur, m'ayant de ta grâce pourvu,
Tu m'as dit : Vois! et dis ce que tes yeux ont vu.

I

L'Esprit a délié mon entrave charnelle :
J'ai franchi les hauteurs du monde sur son aile;
Par les noirs tourbillons de l'ombre j'ai gravi
Les trois sphères du ciel où saint Paul fut ravi;

Et de là, regardant, au travers des nuées,
Les cimes de la terre en bas diminuées,
J'ai vu, par l'œil perçant de cette vision,
L'empire d'Augustus et l'antique Sion;
Et, dans l'immense nuit de ces temps, nuit épaisse
Où s'ensevelissait toute l'humaine espèce
Comme un agonisant qui hurle en son linceul,
J'ai vu luire un rayon éblouissant, un seul!
Et c'était, entre l'âne et le bœuf à leur crèche,
Un enfant nouveau-né sur de la paille fraîche :
Chair neuve, âme sans tache, et, dans leur pureté,
Étant comme un arome et comme une clarté!

Le Père à barbe grise et la Mère joyeuse
Saluaient dans leur cœur cette aube radieuse,
Ce matin d'innocence après la vieille nuit,
Apaisant ce qui gronde et charmant ce qui nuit;
Cette lumière à peine éclose et d'où ruisselle
L'impérissable vie avec chaque étincelle!
Et les Bergers tendaient la tête pour mieux voir;
Et j'ai soudainement ouï par le ciel noir,
Tandis que les rumeurs d'en bas semblaient se taire,
Une voix dont le son s'épandit sur la terre,
Mais douce et calme, et qui disait : Emmanoël!
Et l'espace et le temps chantaient : Noël! Noël!
Puis, comme les trois Rois, survenus de Palmyre,
Offraient au bel Enfant l'encens, l'or et la myrrhe,
J'ai vu, toute ma chair étant blême d'effroi,

Plus sombre que la nuit et plus haut qu'un beffroi,
Un Esprit, un Démon formidable apparaître
En face du petit Jésus venant de naître;
Et ses yeux reluisaient fixement dans son chef!
Les Bergers, ni les Rois, ni le bon saint Joseph,
Ni madame Marie en son amour bercée,
Ne voyaient cette forme au milieu d'eux dressée.

Cet Esprit était beau comme un grand mont chenu;
Une foudre grondait autour de son front nu;
Il était impassible et dur, et sur sa bouche
Siégeaient l'amer mépris et le vouloir farouche.
Il secoua sa tête où crépita le feu,
Et parla comme il suit, sans vergogne, à son Dieu :

— Les siècles ont tenu les vieilles prophéties.
Donc, te voici vivant entre tous les messies,
Toi qui mettras Juda sur Ninive et Sidon!
C'est pitié de te voir en si piètre abandon :
Ton trône est de fumier, ton palais est de chaume,
Et le roi, certe, est trop chétif pour le royaume!
Écoute! j'ai nom Force et j'ai nom Volonté;
Ma main tient le licou de l'univers dompté;
Je suis très-grand, très-fier, et plein d'intelligence;
Et tout est devant moi comme une vile engeance.
Or, je te plains, étant plus grêle qu'un roseau,
Sans défense et tout nu comme un petit oiseau;
Et je pourrais, du pied t'écrasant, forme vaine,

Épuiser brusquement tout le sang de ta veine.
Adore-moi, fétu de paille! et tu seras
Comme un cèdre immobile avec de larges bras,
Dans leur germe étouffant les arbres et les plantes
Et versant l'ombre immense aux nations tremblantes —
Et le petit enfant Emmanuël lui dit :
— Tu ne tenteras point le Seigneur Dieu, Maudit.
Ta puissance est fumée, et ta force est mensonge;
Et j'ai mieux : les trois Clous et la Lance et l'Éponge! —

Le Spectre ceint de flamme, en entendant cela,
Comme une haute tour dans l'ombre s'écroula.

Je vous le dis, Benoît, Grégoire et Jean, vicaires
De l'Antechrist, gardiens des damnés reliquaires,
Mulets mitrés, crossés, malheur à vous, malheur,
Qui navrez le bercail très-chrétien de douleur,
Triple déchirement de la Foi, triple plaie
Dont le troupeau dolent des saints Anges s'effraie!
Triple spectre d'Orgueil, gare aux gouffres ardents
Où sont les pleurs avec les grincements de dents!

II

En Esprit, j'ai plané du haut des cieux sans bornes,
Oyant les nations en tumultes ou mornes,
Bruit lugubre parfois et tantôt irrité,

Mais qui, des profondeurs de cette obscurité,
Avait, plainte sinistre ou clameur meurtrière,
Un vrai son de blasphème et jamais de prière.
Et voici que j'ai vu la Ville où fut occis
Le tyran Julius en son orgueil assis,
La grande Rome, hormis l'antique populace
Des idoles, dont Christ en croix tenait la place.
J'ai vu, blême, en haillons, par la pluie et le vent,
Tout un peuple affamé, maigre, à peine vivant,
D'où sortait un sanglot désespéré, sauvage,
Comme en pousse la mer qui se rue au rivage;
Et ce peuple assiégeait l'abord silencieux
D'un palais hérissé d'un triple rang de pieux,
De grilles et de crocs aigus et de murailles
Massives, qu'enlaçait un réseau de ferrailles.
Or, la foule, parfois se taisant, écoutait
Comme un sourd cliquetis qui de l'antre sortait.

Sous le dôme, à travers la voûte colossale,
J'ai vu, chose effroyable! au centre d'une salle
Éclatante, où brûlaient sept lampes au plafond,
Sur le pavé de marbre accroupi, comme font
Les bêtes, râlant d'aise, un fils d'Adam, un homme,
Ou, quel que soit le nom dont Belzébuth le nomme,
Un être abominable et rapace, acharné,
Ivre de sa débauche, et l'œil illuminé,
Avec rage plongeant ses longues mains flétries
En des monceaux d'argent, d'or et de pierreries,

Qui sonnaient et luisaient pleins de flamboyements
En tombant de sa bouche et de ses vêtements.

Cet argent était chaud de vos larmes amères,
Pauvres enfants tout nus et lamentables mères!
Il se nommait Traîtrise et Spoliation;
Et c'était, nuit et jour, une exécration
Qui montait au Vengeur des faits illégitimes!
Cet or fumait du sang d'innombrables victimes :
Il se nommait Larcin à la pointe du fer,
Meurtre qui va battant l'écume de la mer,
Et Guet-apens du Diable à l'Équité suprême!

Mais — ô fange mêlée à l'huile du saint chrême! —
Ces anneaux, ces colliers, ces nœuds de diamants
Avaient nom Simonie infâme et faux serments,
Et c'était pis que pleurs et sang des misérables,
Car c'était le trafic des deux Clefs adorables,
O Seigneur Christ, qui bus l'hysope avec le fiel!
C'était ta chair divine à l'encan, et ton ciel,
Jésus! Et, tout autour de ce palais immonde,
Ceux qui souffraient étaient les chrétiens de ce monde :
C'était le troupeau maigre et sept fois l'an tondu
Dont le Berger rapace au Maître a répondu,
Et que lui-même, hélas! étant un loup féroce,
Sans relâche exténue, assomme avec la crosse,
Étrangle avec l'étole et suspend au plancher
Le ventre tout béant, comme fait un boucher!

Et l'immense troupeau, par la nuit lamentable,
En attendant, Jésus, bêlait vers ton étable!

Et voici que j'ai vu, s'allongeant hors du mur,
Comme une main qui va détacher un fruit mûr,
Une griffe, rougie à l'infernale forge,
Saisir le Grippe-sou monstrueux à la gorge
Et l'emporter, grouillant, sifflant, serrant encor
D'un poing crispé du feu qu'il prenait pour de l'or,
Afin d'être à son tour dépecé, mis en vente
Sur l'Étal éternel d'horreur et d'épouvante,
Débité membre à membre, et quartier par quartier,
Et toujours aussi vif que s'il était entier!

A toi qui tiens le Siége avec la Pentapole,
Vêtu du pallium, et la chape à l'épaule,
Bandit de terre et d'eau, que le Diable a sacré
Pour être au grand soleil un blasphème mitré!
Puisqu'il faut pour ta soif que l'Océan tarisse,
Je dis que l'Océan est à sec, Avarice!
Et qu'au milieu de l'or sanglant qu'il entassa,
La Griffe est sur le cou de Balthazar Cossa!

III

L'Esprit m'a dit: Regarde! — Un vol d'oiseaux funèbres,
Silencieux, battait le flot lourd des ténèbres:

Chauves-souris, hiboux, guivres, dragons volants,
Ayant la face humaine avec les yeux dolents,
Tels que Virgilius le disait des Harpies.
Ils tournoyaient du fond des villes assoupies,
Sortant par noirs essaims, démons lâches et laids,
De la sainte abbaye autant que du palais.
Ils avaient nom la Peur, la Honte et la Sottise,
Appétits empêchés que l'impuissance attise,
Ambition inepte et blême Vanité,
Attrait de faire mal avec impunité,
Rancune inexorable et Parole mentie,
Poison dans l'eau bénite et poison dans l'hostie,
Haine sans but, Vengeance ayant brides et mors,
Bave sur les vivants et bave sur les morts !

Et voici que j'ai vu, par les ombres nocturnes,
S'amasser en un bloc les oiseaux taciturnes,
Se fondre étroitement comme s'ils n'étaient qu'un :
Bête hideuse ayant la laideur de chacun,
Araignée avec dents et griffes, toute verte
Comme un Dragon du Nil, et d'écume couverte,
Écume de fureur muette et du plaisir
De souiller pour autrui ce qu'on ne peut saisir.
Sa bouche en était pleine, et pleine sa paupière ;
Et ce venin mordait l'or et creusait la pierre,
Et, quand il atteignait l'homme juste et puissant,
Il n'en restait qu'un peu de fange avec du sang.
Donc, remuant la nuit de ses ailes sans nombre,

Cette Bête rôdait lugubrement dans l'ombre.
Or, j'ai vu, du couchant, venir le Foudroyé
Qui devant le Seigneur son Dieu n'a point ployé,
L'Archange porte-flamme où s'allumaient les astres,
Dont les cieux autrefois ont pleuré les désastres,
Et qui, vil et méchant, lâche, impur et menteur,
De la race maudite horrible tourmenteur
Dont la poix et le soufre enseignent les approches,
Règne piteusement sur les pals et les broches.
Il venait d'Aragon, de Rome et d'Avignon,
Le noir Sire, ayant pris Judas pour compagnon,
Et, tenant par la peau du ventre Ischariote,
S'en retournait avec ce vieux compatriote.
Et la Bête au-devant du Maître s'envola.

Et j'ai vu l'Orient s'entr'ouvrir, et voilà
Que trois Formes d'azur, de lumière et de grâce,
Laissant trois fleuves d'or ruisseler sur leur trace,
Montaient d'un même trait dans le ciel réjoui,
Sans voir le monstre terne et Satan ébloui;
Et j'ai vu que c'étaient, en pure gloire égales,
Les trois Roses, les trois Vertus théologales.

La Bête dit, sifflant de rage : — Par malheur,
Si haut, je ne les puis atteindre! Arrache-leur
Une aile, Maître, et prends les miennes en échange.
— Aucune, dit Satan, n'en a, n'étant point Ange,
Mais impalpable idée et divin sentiment.

— Leurs yeux! arrache-les. Un œil, un seulement!
Et tu crèveras, Maître, après, mes deux prunelles.
— Nulle, dit Satan, n'a de visions charnelles;
Point d'ailes et point d'yeux : ce sont pures clartés.
Va! laisse-les monter par les immensités
De lumière où leur Dieu se rit de ma défaite
Et de la destinée horrible qu'il m'a faite.
Aussi bien qui pourrait les suivre au fond du ciel?
Mais le monde est à nous; noyons-le dans le fiel :
C'est un gouffre plus sûr que l'antique Déluge;
Et que l'homme n'ait plus que l'Enfer pour refuge!
Va! Jean est chair du Diable, et Grégoire est mauvais,
Et Benoît fort têtu. Donc, rejoins-les. — J'y vais,
Dit la Chauve-souris énorme, j'y vais, Maître. —
Et je l'ai vue au fond de la nuit disparaître.

Or l'Envie est en vous, Pierre, Ange et Balthazar!
Cramponnés aux haillons de pourpre où fut César,
Chacun rit d'être nu, s'il a dépouillé l'autre;
Et sur les trois morceaux du siége de l'Apôtre,
Près de rôtir, avec un goupil infecté,
Intrus, vous aspergez le monde et la cité!

IV

L'Esprit, par ses chemins, m'a mené d'une haleine
Sur une masse noire et bourdonnante, pleine

De vapeurs, où dormait un fleuve entre des joncs,
D'aiguilles hérissée et de tours, de donjons,
D'enclos tout crénelés comme des citadelles,
Et de vols carnassiers faisant un grand bruit d'ailes
Autour de hauts gibets où flottaient, morfondus,
Sous la pluie et le vent des amas de pendus.
Et j'ai vu que c'était Paris, la bonne Ville :
Masures et palais, princes et plèbe vile,
Et non loin, le coteau des trois martyrs bénis,
Éleuthère, Rustique et Monsieur saint Denys.
Et j'ai vu la maison des Lys, muette et haute,
Géhenne dont le roi Charles sixième est l'hôte ;
Et les murs en montaient dans la brume, tout droits,
Mornes, si ce n'était que, par rares endroits,
Une rouge lueur, du fond des embrasures,
Sortait, comme du sang qui jaillit des blessures.
Et l'une des clartés de ce royal tombeau
Était la lampe d'or de madame Isabeau.

Certe, au pays d'Égypte, où brandit l'oriflamme
Loys, le chevalier dont le Seigneur a l'âme,
Jadis régna, du temps des mille dieux païens,
Sur Thèbes et Memphis et les Éthiopiens,
Cléopâtre avec qui le Démon fit ses œuvres,
Et qui portait, dit-on, un collier de couleuvres.
C'était une damnée effroyable, en effet.
N'ayant peur de l'enfer ni honte, elle avait fait
De son lit une auberge où s'en venait la terre

Se soûler à pleins brocs du vin de l'adultère.
Rois d'Asie et consuls de Rome, jours et nuits,
Y coudoyaient, tout pleins d'imbéciles ennuis,
L'esclave et l'homme noir à la face abêtie
Que, dès l'aube, la mort happait à la sortie.
Mais tous étaient frappés du même aveuglement,
Cette larve et le peuple antique son amant;
Tous péchaient et mouraient sous la loi d'anathème,
Ignorant la Parole et les fonts du baptême;
Car ton soleil, Jésus, ne s'était point levé
Sur la femme, chair vile, et sur l'homme énervé.
Or j'ai vu, comme aux temps de cette Égyptienne,
Seigneur Christ! en Paris, la Ville très-chrétienne,
L'oratoire royal étant un mauvais lieu,
La débauche s'ébattre à la face de Dieu;
Et, l'Époux étant fol, l'Épouse déchaînée
Meurtrir la bonne France aux quatre bouts saignée,
La vendre par quartiers à l'inceste éhonté,
Au parjure damnable, au meurtre ensanglanté,
Aux limiers d'Armagnac, aux bouchers de Bourgogne;
Pourvu que, secouant sa dernière vergogne,
La Ribaude, en horreur même aux plus avilis,
Prostituât sa chair sur la couche des Lys!
Et voici que j'ai vu, dans la vapeur malsaine
Épandue aux deux bords marécageux de Seine,
Force maisons de Dieu, silencieusement
Monter comme des bras au sombre firmament;
Et j'ai vu, tout navrés durant ces infamies,

Au fond des saintes nefs à cette heure endormies,
Les Anges qui pleuraient du haut des pendentifs;
Et leurs lèvres de pierre avaient des sons plaintifs;
Et saint Michel-Archange, en sa cotte de mailles,
Foulait plus rudement le Diable ceint d'écailles;
Et Madame la Vierge, un pied sur le croissant,
Dans sa robe d'azur étoilé, gémissant,
Suppliante, tournait sa face maternelle
Vers le Supplicié de la Croix éternelle!

Ah! madame Isabeau, tristes étaient les cieux!
Mais j'ai vu clairement s'en venir, fort joyeux,
Par milliers, les démons hurler à votre porte,
Demandant si votre âme est à point qu'on l'emporte.
Et voici qu'au milieu du sabbat rugissant,
J'ai vu, prise aux cheveux, livide, l'œil en sang,
Louve qui, de ses dents, retroussait sa babine,
De l'intrus Jean vingt-trois la vieille concubine
Qui, devant Balthazar et madame Isabeau,
Frayait le grand chemin du flamboyant tombeau!

V

L'Esprit, en cette nuit impassible et sans trêve,
A soufflé dans mes yeux la forme de mon rêve;
Et j'ai vu, de mon ombre, émerger au levant
Le soleil, nef de feu que flagellait le vent,

Qui voguait, haut et rude, et, crevant les nuées,
Rejetait en plein ciel leurs masses refluées.
Les monts resplendissaient comme de grands falots
Allumés par d'épais brouillards; et, sur les flots
De la mer, une rouge et furieuse écume
Sautait avec le bruit de l'eau qui bout et fume;
Et les plaines, où sont les villes, les hameaux,
Fleuves et lacs, et l'homme et tous les animaux,
Avec la multitude innombrable des plantes,
S'épandaient sous mes yeux, humides et sanglantes;
Et j'ai cru voir le jour, dès longtemps résolu,
Où viendra de l'abîme un astre chevelu,
Horrible, qui fera de la terre une braise,
Et puis un peu de cendre au fond de la fournaise!

Seigneur! ce n'était pas la suprême clarté
Qui doit flamber au seuil de notre éternité;
Ce n'était pas le jour des tardives détresses,
Ni le clairon d'appel aux âmes pécheresses,
Ni Josaphat ployant sous la foule des morts,
Effroyable moisson d'inutiles remords;
C'était, grâce à Satan qui l'allume et l'amène,
L'ordinaire soleil dont luit la race humaine!

Or, voici que j'ai vu le monde, comme un pré
Immense, qui grouillait sous ce soleil pourpré,
Plein d'hommes portant heaume et cotte d'acier, lance,
Masse d'armes et glaive, engins de violence

Avec loques d'orgueil, bannières et pennons
Où le Diable inscrivait leur lignée et leurs noms.
Et c'était un amas de nations diverses :
Sarrasins de Syrie, Arméniens et Perses,
Et ceux d'Égypte et ceux de Tartarie avec
Le More grenadin, le Sarmate et le Grec.
Et ces troupes de pied et ces cavaleries,
Hurlant, les yeux hagards, haletantes, meurtries,
Se ruant pêle-mêle en tourbillons, rendant
L'écume de la rage à chaque coup de dent,
Sur la terre, Jésus, que ta croix illumine,
S'entre-mangeaient, ainsi qu'en un temps de famine.
Et les plus furieux, Seigneur, quels étaient-ils ?
Était-ce donc la horde aveugle des Gentils,
Ou ceux qui, pour nier à l'aise ta lumière,
Du fil de la malice ont cousu leur paupière?

Non ! les plus égorgeurs, hélas ! c'étaient tes fils,
Les rois, oints du saint chrême aux pieds du Crucifix,
Les peuples baptisés de ton sang adorable,
Tels que des chiens hurlant sur un os misérable,
Qui faisaient de la terre et de la chrétienté
Un lieu de boucherie et de rapacité !
Et les trois Échappés de leur triple conclave
Soufflaient cet incendie et chauffaient cette lave !

Ah ! s'il faut que toujours le terrestre troupeau
Donne une issue à l'âme au travers de la peau,

Et que le sang toujours, par les monts et les plaines,
Emplissant le ciel bleu de ses âcres haleines,
Fume dans l'holocauste éternel d'ici-bas,
Rends-nous la Foi vivante et les sacrés combats,
Ton amour, ô Jésus, avec ton espérance,
Comme aux jours des Philippe et des Loys de France,
Alors qu'un monde entier, plein de joie et priant,
Ta pure image au cœur, fluait vers l'Orient!
Où les âmes, du corps périssable échappées,
Et ceintes de l'éclair sans tache des épées,
Montaient, laissant les fronts tranquilles et hardis,
Par leur chemin sanglant, au divin Paradis!
Car en ce temps, Jésus! la mort c'était la vie,
La gloire bienheureuse où ta grâce convie
Les héros trépassés autant que les martyrs,
Et toutes les vertus et tous les repentirs.

Mais en ce pré, champ clos immense de la haine,
La Colère broyait les morts pour la Géhenne,
Et, triomphant dans sa hideuse déraison,
D'un râle de damnés emplissait l'horizon!

VI

L'Esprit m'a descendu sur les grasses vallées
Tourangelles, durant les heures étoilées
Où l'alouette dort dans les blés, où les bœufs

Ruminent en songeant aux pacages herbeux,
Où le Jacque, épuisé de son labeur, oublie
Sa grand'misère avec la chaîne qui le lie.
Et j'ai vu que la nuit était muette autour
Du chaume pitoyable et de la noble tour,
Hormis le noir moutier, qui, de la Loire claire,
Dressait hautainement sa masse séculaire,
Et d'où sortaient des voix et de larges clartés
Comme aux saintes Noëls dans les solennités.
Or, ce n'était, selon les règles accomplies,
Ni matines, Jésus! ni laudes ni complies,
Ni les neuf psaumes, ni les pieuses leçons;
A vrai dire c'étaient d'effroyables chansons,
Et, par entier mépris du divin monitoire,
Les torches de l'orgie autour du réfectoire!
Et voici que j'ai vu, par ces rouges éclats,
La table, aux ais massifs, qui ployait sous les plats,
Les cruches, les hanaps, les brocs, les écuelles;
Et, jetant leurs odeurs brutes et sensuelles,
Les viandes qui fumaient : chair de porc à foison,
Chair de bœuf, jars et paons rôtis, et venaison;
Chair d'agneau, moutons gras qui grésillaient encore,
Et bons coqs que leur crête écarlate décore.
Et les vapeurs montaient, épaisses, au plafond.
Le sire Abbé trônait sur son banc-d'œuvre, au fond;
Et, tout le long de cette énorme goinfrerie,
Cent moines très-joyeux, à la trogne fleurie,
Entonnant les bons jus de Touraine, plongeant

Les dix doigts dans la viande écharpée, aspergeant
De sauces et de vin leurs faces et leurs ventres,
Semblaient autant de loups sanglants au fond des antres.
Derrière ces goulus, non moins empressés qu'eux,
Convers et marmitons, avec les maîtres queux,
Les caves où cuisaient les choses étant proches,
Comblaient les plats vidés, dégarnissaient les broches,
Allant, venant, courant, suant, vrai tourbillon
De diables tout mouillés des eaux du goupillon.
Quelque moine alourdi tombait par intervalle
A la renverse, avec la cruche qu'il avale,
Et les autres riaient de ses gémissements,
Et l'ensevelissaient sous les reliefs fumants.

Mais j'ai vu que le sire Abbé, droit sur son siége,
Bouche close, au milieu du fracas qui l'assiége,
Sous son capuchon noir, ainsi qu'un étranger,
Oyait et regardait, sans boire ni manger.
Or, prenant en souci ce jeûne et ce silence,
J'ai vu ses yeux, aigus comme des fers de lance,
Qui tantôt reluisaient à travers ses cils roux,
Et s'emplissaient tantôt d'ombre comme deux trous,
De sorte que, la bande étant à bout de forces;
Les uns, tels que des troncs qui crèvent leurs écorces,
Faisant craquer la peau trop pleine de leurs flancs;
Les autres, à demi noyés, les bras ballants,
La tête sur la table, et la langue tirée,
Pareils à des pourceaux repus de leur curée;

J'ai vu le sire Abbé se lever lentement
Au bout du réfectoire infect et tout fumant ;
Et sa tête toucha les poutres enflammées ;
Et j'ai vu les deux mains d'ongles crochus armées,
La face où le regard divin a flamboyé,
Et j'ai vu que c'était Satan, le Foudroyé !

Un silencieux rire ouvrit ses blêmes lèvres
Que dessèche la soif des ineffables fièvres.
De son œil rouge et creux comme un gouffre, soudain
Jaillit un morne éclair de joie et de dédain ;
Il dit : — Holà ! c'est l'heure ! — Et voici qu'à cet ordre,
Tandis que les repus commençaient de se tordre
Et de geindre, voilà que, par milliers surgis,
Marmitons, queux, servants, avec des pals rougis,
Des fourches, des tridents et des pieux et des piques,
A la file embrochaient les moines hydropiques,
Et jetaient, toute chaude et vive, dans l'enfer,
La Goinfrerie, ayant pour abbé Lucifer !

VII

L'Esprit m'a flagellé rudement en arrière
Des temps, et j'ai revu, sous Rome la guerrière,
Et le tétrarque Hérode et le vieux sanhédrin,

La cité de David liée au joug d'airain,
Josaphat, le Cédron et les saintes piscines,
Et le bois d'oliviers aux antiques racines.
Et voici que j'ai vu, par le soleil levant,
Le Temple où résidait l'arche du Dieu vivant.
Une foule, semblable à des essaims d'abeilles,
Entrait, sortait. Ceux-ci ployés sous des corbeilles
De légumes, de fruits ou de chairs en quartiers;
Ceux-là traînant des bœufs. Gens de mille métiers,
Vendeurs de lin d'Égypte et vendeurs de ramées,
Vendeurs de graisse brute ou d'huiles parfumées,
D'étoffes et de vins de la Perse, et d'amas
De glaives et de dards fabriqués à Damas,
De piques, de cuissards, de casques et de dagues;
Orfèvres, débitant les colliers et les bagues;
Changeurs d'or et d'argent bien munis de faux poids;
Marchands de sel, marchands de résine et de poix;
Marchands de grains, donnant la mauvaise mesure,
Et force grippe-sous prêtant à grande usure
Autour des Chérubins et des sept Chandeliers.
Donc, du parvis profond au bas des escaliers,
Le Temple n'était plus qu'une halle effroyable
Dont les Anges pleuraient et dont riait le Diable.
Or, voici que j'ai vu, sous ses beaux cheveux roux,
Jésus, Notre-Seigneur, très-pâle de courroux,
Qui passait à travers toutes ces industries
Et ces gens par la soif d'un lucre vil flétries,
Infectant de fumier, de graisses et de vin,

De clameurs et de vols impurs, le lieu divin!
Le roi Christ était doux, plein de miséricorde;
Mais j'ai vu qu'il tirait de sa robe une corde
Noueuse, mise en trois et dure comme il faut,
Et qu'à grands coups de fouet il les chassait d'en haut,
Par les rampes, crevant les sacs, les escarcelles
Pleines d'argent, poussant les bœufs sur les vaisselles,
Et les outres de vin sur les riches tissus,
Et l'âne sur l'ânier et le tout par dessus;
Parce que cette engeance, ainsi qu'au temps moderne,
Faisait de la maison divine une caverne!

Et, tandis que Jésus rendait ce jugement
Et fouettait ces voleurs très-véhémentement,
Les disciples, non loin, assis sous les portiques,
Méditaient, le cœur plein de visions mystiques,
Et de l'âme, cherchaient, comme d'autres des yeux,
Le Royaume du Maître au delà des sept cieux.
Nul ne se souciait, plongé dans sa pensée,
De la foule en rumeur hors du Temple chassée,
Croyant que tout est bien sur terre, quand on croit,
Et que le mieux, après, arrive par surcroît.
Et le Roi Christ survint, disant : — Ce n'est point l'heure
De prier, quand le feu dévore la demeure.
Bienheureux qui se lève, et, luttant, irrité,
Pour la justice en peine et pour la charité,
Applique sur le mal l'efficace remède;
Et malheur à qui n'est ni chaud ni froid, mais tiède!

Or, que faites-vous là ? Rien. Moi, je vous le dis,
L'inactif n'aura point de place au Paradis ! —

Et moi, je vous le dis, après Christ, la Lumière
Qui s'en vint dissiper l'obscurité première,
L'Eau vive qui circule au sillon desséché ;
Je vous le dis à vous qui fuyez le Péché,
Et les fanges du siècle, âmes encor sans tache
Parmi ceux qu'en enfer Satan mène à l'attache ;
O princes ! — s'il en est ! — moines, prieurs, abbés,
Qui n'êtes point encor dans ses piéges tombés,
Mais qui, les bras croisés et les yeux pleins de larmes,
Pour le combat de Dieu n'endossez point vos armes,
Je vous le dis : Malheur ! Et quand le jour luira
Du dernier jugement, le Roi Christ vous dira :
— Arrière, paresseux ! cœurs tremblants, cœurs d'esclaves !
Je ne suis pas le Dieu des lâches, mais des braves !
Qui de vous a souffert, qui de vous a lutté ?
Allez ! Je vous renie, et pour l'éternité ! —

Voilà ce que j'ai vu par le nocturne espace,
En ce monde où l'Agneau divin bêle et trépasse

Pour l'âme et pour la chair d'Adam dur et têtu;
Où le Sang qui nous lave a perdu sa vertu;
Où la barque de Pierre, aux trois courants livrée,
Heurte les rocs aigus, et s'en va, démembrée,
En haute mer, portant, sous les cieux assombris,
La pauvre chrétienté qui charge ses débris.
Voilà ce que j'ai vu, par la grâce très-sainte
De l'Esprit : la foi morte et la vérité ceinte
D'épines, comme Christ, après Gethsémani;
Le Siége unique à bas et son éclat terni;
Le bon grain pourrissant dans les sillons arides;
Royautés sans lumière, et nations sans brides;
Et, par grande misère, au milieu de cela,
En liesse, sonnant ses trompes de gala,
Par devant Sigismund qui souffre ce blasphème,
La nouvelle hérésie au pays de Bohême.

Or le Roi Jésus-Christ, parlant, comme il lui plaît,
Par la bouche de l'aigle ou bien de l'oiselet,
M'a dit : — Lève-toi, Guy de Clairvaux, pauvre moine,
Car voici que Satan détruit mon patrimoine,
Et le temps est venu d'agir de haute main
Et promptement, de peur qu'il soit trop tard demain. —
Moi, je l'ai supplié, d'une oraison fervente,
De m'épargner, chétif que le siècle épouvante;
Mais Jésus, de rechef, m'a pris par les cheveux,
Disant : — Parle tout haut, moine Guy ! je le veux. —

Donc, Monsieur saint Bernard qui siége au lieu céleste
Hausse ma voix ! l'Esprit divin fera le reste.

Sus ! sus ! La coupe est pleine et déborde. Debout,
Les forts, les purs, les bons, car le monde est à bout !
Et voici que tantôt la vieille idolâtrie
S'en va noyer la terre et sa race flétrie,
Mieux qu'au déluge où Dieu jadis se résolut,
Moins la colombe, avec le rameau du salut !
Sus ! Empereurs et Rois, chefs du Centre et des Marches,
Cardinaux et Primats, Évêques, Patriarches,
Abbés, Généraux d'ordre et Docteurs très-chrétiens,
Vous tous, les boucliers, les flambeaux, les soutiens
De la très-vénérable Église, notre mère,
Qui languit et qui pleure en son angoisse amère !
Je vous adjure, au nom des Ames en danger
Qui sont pâture aux loups et n'ont plus de Berger,
Par la sanglante Croix où pend le Fils unique,
Sus ! Debout ! Au très-saint Concile œcuménique !

Au Concile ! Sitôt que vous y siégerez,
A vos fronts comme à ceux des apôtres sacrés,
Luira le Paraclet en flamboyantes langues,
Qui mettra la sagesse en vos bonnes harangues ;
Et le sens infaillible et la droite équité
Seront fruits mûrs de votre impeccabilité !
Sus ! triez le froment des pailles de l'ivraie !
Par Décrets et Canons qui sont la Règle vraie

Que tout soit apaisé, que tout soit rétabli ;
Qu'en son gouffre Satan retombe enseveli ;
Que le Siége, étant Un comme Dieu qui le fonde,
Soit Parole et Lumière aux quatre bouts du monde,
Source vive au Fidèle, espérance au Gentil,
Et joie en terre comme au ciel ! Ainsi soit-il !

L'Anathème.

Si nous vivions au siècle où les Dieux éphémères
Se couchaient pour mourir avec le monde ancien,
Et de l'homme et du ciel détachant le lien,
Rentraient dans l'ombre auguste où résident les Mères,

Les regrets, les désirs, comme un vent furieux,
Ne courberaient encor que les âmes communes;
Il serait beau d'être homme en de telles fortunes,
Et d'offrir le combat au sort injurieux.

Mais nos jours valent-ils le déclin du vieux monde ?
Le temps, Nazaréen, a tenu ton défi;
Et pour user un Dieu deux mille ans ont suffi,
Et rien n'a palpité dans sa cendre inféconde.

Heureux les morts ! L'écho lointain des chœurs sacrés
Flottait à l'horizon de l'antique sagesse ;
La suprême lueur des soleils de la Grèce
Luttait avec la nuit sur des fronts inspirés :

Dans le pressentiment de forces inconnues,
Déjà plein de Celui qui ne se montrait pas,
O Paul, tu rencontrais, au chemin de Damas,
L'éclair inespéré qui jaillissait des nues !

Notre nuit est plus noire et le jour est plus loin.
Que de sanglots perdus sous le ciel solitaire !
Que de flots d'un sang pur sont versés sur la terre
Et fument ignorés d'un éternel témoin !

Comme l'Essénien, au bout de son supplice,
Désespéré d'être homme et doutant d'être un dieu,
Las d'attendre l'Archange et les langues de feu,
Les peuples flagellés ont tari leur calice.

Ce n'est pas que, le fer et la torche à la main,
Le Gépide ou le Hun les foule et les dévore,
Qu'un empire agonise, et qu'on entende encore
Les chevaux d'Alarik hennir dans l'air romain.

Non ! le poids est plus lourd qui les courbe et les lie ;
Et, corrodant leur cœur d'avarice enflammé,
L'idole au ventre d'or, le Moloch affamé
S'assied, la pourpre au dos, sur la terre avilie.

Un air impur étreint le globe dépouillé
Des bois qui l'abritaient de leur manteau sublime;
Les monts sous des pieds vils ont abaissé leur cime;
Le sein mystérieux de la mer est souillé.

Les Ennuis énervés, spectres mélancoliques,
Planent d'un vol pesant sur un monde aux abois;
Et voici qu'on entend gémir comme autrefois
L'Ecclésiaste assis sous les cèdres bibliques.

Plus de transports sans frein vers un ciel inconnu,
Plus de regrets sacrés, plus d'immortelle envie.
Hélas! des coupes d'or où nous buvions la vie
Nos lèvres ni nos cœurs n'auront rien retenu!

O mortelles langueurs, ô jeunesse en ruine,
Vous ne contenez plus que cendre et vanité!
L'amour! l'amour est mort avec la volupté;
Nous avons renié la passion divine!

Pour quel dieu désormais brûler l'orge et le sel?
Sur quel autel détruit verser les vins mystiques?
Pour qui faire chanter les lyres prophétiques
Et battre un même cœur dans l'homme universel?

Quel fleuve lavera nos souillures stériles?
Quel soleil, échauffant le monde déjà vieux,
Fera mûrir encor les labeurs glorieux
Qui rayonnaient aux mains des nations viriles?

O liberté, justice, ô passion du beau,
Dites-nous que votre heure est au bout de l'épreuve,
Et que l'amant divin promis à l'âme veuve
Après trois jours aussi sortira du tombeau !

Éveillez, secouez vos forces enchaînées,
Faites courir la sève en nos sillons taris ;
Faites étinceler, sous les myrtes fleuris,
Un glaive inattendu, comme aux Panathénées !

Sinon, terre épuisée, où ne germe plus rien
Qui puisse alimenter l'espérance infinie,
Meurs ! Ne prolonge pas ta muette agonie,
Rentre pour y dormir au flot diluvien.

Et toi, qui gis encor sur le fumier des âges,
Homme, héritier de l'homme et de ses maux accrus,
Avec ton globe mort et tes dieux disparus,
Vole, poussière vile, au gré des vents sauvages !

Aux modernes.

Vous vivez lâchement, sans rêve, sans dessein,
Plus vieux, plus décrépits que la terre inféconde,
Châtrés dès le berceau par le siècle assassin
De toute passion vigoureuse et profonde.

Votre cervelle est vide, autant que votre sein,
Et vous avez souillé ce misérable monde
D'un sang si corrompu, d'un souffle si malsain,
Que la mort germe seule en cette boue immonde.

Hommes, tueurs de Dieux, les temps ne sont pas loin
Où, sur un grand tas d'or vautrés dans quelque coin,
Ayant rongé le sol nourricier jusqu'aux roches,

Ne sachant faire rien ni des jours ni des nuits,
Noyés dans le néant des suprêmes ennuis,
Vous mourrez bêtement en emplissant vos poches.

La Fin de l'homme.

Voici, Kaïn errait sur la face du monde.
Dans la terre muette Ève dormait, et Seth,
Celui qui naquit tard, en Hébron grandissait.
Comme un arbre feuillu, mais que le temps émonde,
Adam, sous le fardeau des siècles, languissait.

Or, ce n'était plus l'Homme en sa gloire première,
Tel qu'Iahvèh le fit pour la félicité,
Calme et puissant, vêtu d'une mâle beauté,
Chair neuve où l'âme vierge éclatait en lumière
Devant la vision de l'immortalité.

L'irréparable chute et la misère et l'âge
Avaient courbé son dos, rompu ses bras nerveux,
Et sur sa tête basse argenté ses cheveux.
Tel était l'Homme, triste et douloureuse image
De cet Adam pareil aux Esprits lumineux.

Depuis bien des étés, bien des hivers arides,
Assis au seuil de l'antre, et comme enseveli
Dans le silencieux abîme de l'oubli,
La neige et le soleil multipliaient ses rides :
L'ennui coupait son front d'un immuable pli.

Parfois Seth lui disait : — Fils du Très-Haut, mon père,
Le cèdre creux est plein du lait de nos troupeaux,
Et dans l'antre j'ai fait ton lit d'herbe et de peaux.
Viens! Le lion lui-même a gagné son repaire. —
Adam restait plongé dans son morne repos.

Un soir, il se leva. Le soleil et les ombres
Luttaient à l'horizon rayé d'ardents éclairs,
Les feuillages géants murmuraient dans les airs,
Et les bêtes grondaient aux solitudes sombres.
Il gravit des coteaux d'Hébron les rocs déserts.

Là, plus haut que les bruits flottants de la nuit large,
L'hôte antique d'Éden, sur la pierre couché,
Vers le noir Orient le regard attaché,
Sentit des maux soufferts croître la lourde charge :
Ève, Abel, et Kaïn, et l'éternel péché!

Ève, l'inexprimable amour de sa jeunesse,
Par qui, hors cet amour, tout changea sous le ciel!
Et le farouche enfant, chaud du sang fraternel. . .
L'Homme fit un grand cri sous la nuée épaisse,
Et désira mourir comme Ève et comme Abel!

Il ouvrit les deux bras vers l'immense étendue
Où se leva le jour lointain de son bonheur,
Alors qu'il t'ignorait, ô fruit empoisonneur !
Et d'une voix puissante au fond des cieux perdue,
Depuis cent ans muet, il dit : — Grâce, Seigneur !

Grâce ! J'ai tant souffert, j'ai pleuré tant de larmes,
Seigneur ! J'ai tant meurtri mes pieds et mes genoux...
Élohim ! Élohim ! de moi souvenez-vous !
J'ai tant saigné de l'âme et du corps sous vos armes,
Que me voici bientôt insensible à vos coups !

O jardin d'Iahvèh, Éden, lieu de délices,
Où sur l'herbe divine Ève aimait à s'asseoir ;
Toi qui jetais vers elle, ô vivant encensoir,
L'arome vierge et frais de tes mille calices,
Quand le soleil nageait dans la vapeur du soir !

Beaux lions qui dormiez, innocents, sous les palmes,
Aigles et passereaux qui jouiez dans les bois,
Fleuves sacrés, et vous, Anges aux douces voix,
Qui descendiez vers nous à travers les cieux calmes,
Salut ! Je vous salue une dernière fois !

Salut, ô noirs rochers, cavernes où sommeille
Dans l'immobile nuit tout ce qui me fut cher...
Hébron ! muet témoin de mon exil amer,
Lieu sinistre où, veillant l'inexprimable veille,
La femme a pleuré mort le meilleur de sa chair !

Et maintenant, Seigneur, vous par qui j'ai dû naître,
Grâce! Je me repens du crime d'être né...
Seigneur, je suis vaincu, que je sois pardonné!
Vous m'avez tant repris! Achevez, ô mon Maître!
Prenez aussi le jour que vous m'avez donné. —

L'Homme ayant dit cela, voici, par la nuée,
Qu'un grand vent se leva de tous les horizons
Qui courba l'arbre altier au niveau des gazons,
Et, comme une poussière au hasard secouée,
Déracina les rocs de la cime des monts.

Et sur le désert sombre, et dans le noir espace,
Un sanglot effroyable et multiple courut,
Chœur immense et sans fin, disant: — Père, salut!
Nous sommes ton péché, ton supplice et ta race...
Meurs, nous vivrons! — Et l'Homme épouvanté mourut.

Solvet seclum.

Tu te tairas, ô voix sinistre des vivants!

Blasphèmes furieux qui roulez par les vents,
Cris d'épouvante, cris de haine, cris de rage,
Effroyables clameurs de l'éternel naufrage,
Tourments, crimes, remords, sanglots désespérés,
Esprit et chair de l'homme, un jour vous vous tairez!
Tout se taira, dieux, rois, forçats et foules viles,
Le rauque grondement des bagnes et des villes,
Les bêtes des forêts, des monts et de la mer,
Ce qui vole et bondit et rampe en cet enfer,
Tout ce qui tremble et fuit, tout ce qui tue et mange,
Depuis le ver de terre écrasé dans la fange
Jusqu'à la foudre errant dans l'épaisseur des nuits!
D'un seul coup la nature interrompra ses bruits

Et ce ne sera point, sous les cieux magnifiques,
Le bonheur reconquis des paradis antiques,
Ni l'entretien d'Adam et d'Ève sur les fleurs,
Ni le divin sommeil après tant de douleurs ;
Ce sera quand le Globe et tout ce qui l'habite,
Bloc stérile arraché de son immense orbite,
Stupide, aveugle, plein d'un dernier hurlement,
Plus lourd, plus éperdu de moment en moment,
Contre quelque univers immobile en sa force
Défoncera sa vieille et misérable écorce,
Et, laissant ruisseler, par mille trous béants,
Sa flamme intérieure avec ses océans,
Ira fertiliser de ses restes immondes
Les sillons de l'espace où fermentent les mondes.

TABLE.

IMPRIMÉ PAR A. QUANTIN

ANCIENNE MAISON J. CLAYE

POUR

ALPHONSE LEMERRE, ÉDITEUR

A PARIS

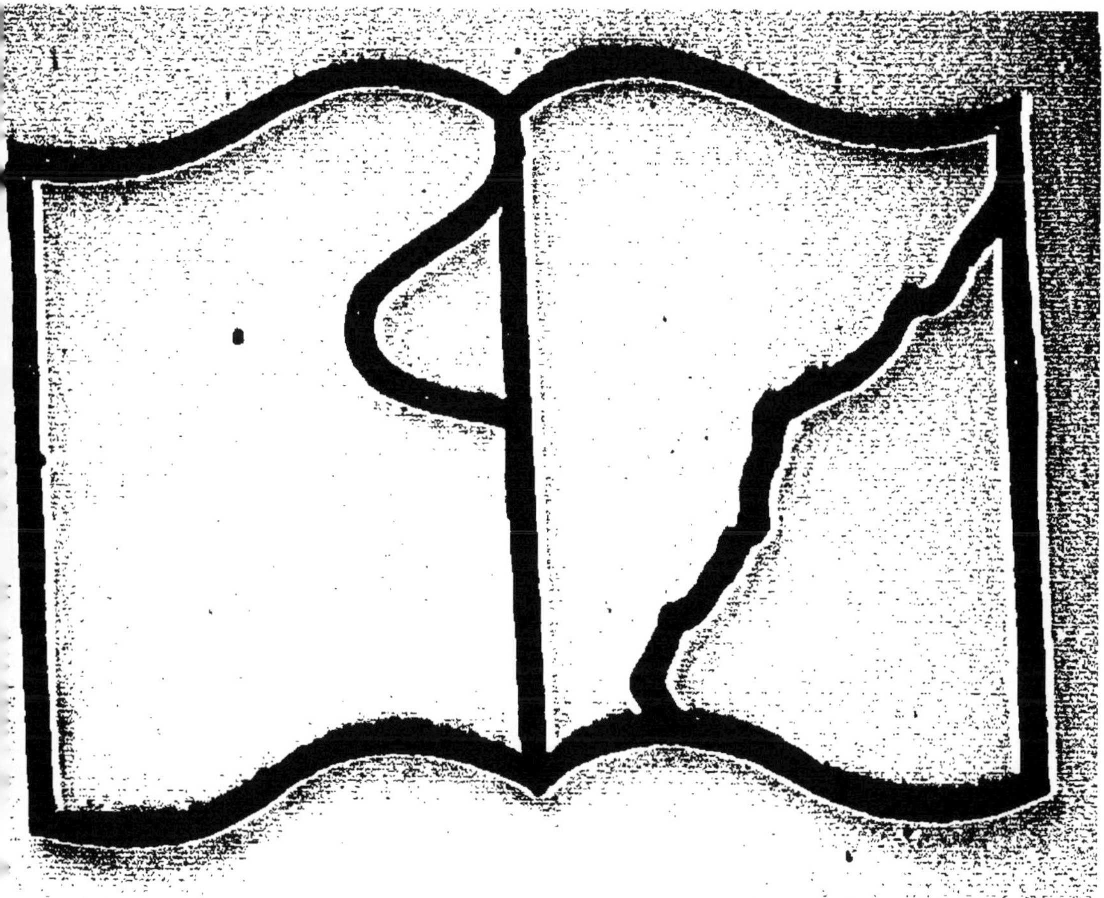

Imprimé en France
FROC030850050920
25018FR00016B/215

9 782011 876270